大数据技术在现代教育系统中的应用研究

何兴无　蒋生文　著

NORTHEAST NORMAL UNIVERSITY PRESS
WWW.NENUP.COM

东北师范大学出版社

图书在版编目（CIP）数据

大数据技术在现代教育系统中的应用研究 / 何兴无，
蒋生文著． — 长春 : 东北师范大学出版社， 2019.9
ISBN 978-7-5681-6261-6

Ⅰ．①大… Ⅱ．①何… ②蒋… Ⅲ．①数据处理—应
用—高等教育—研究—中国 Ⅳ．① G649.2-39

中国版本图书馆 CIP 数据核字 (2019) 第 199629 号

□ 策划编辑: 王春彦

□ 责任编辑: 于水晶　　　　　□ 封面设计: 优盛文化

□ 责任校对: 李　双　　　　　□ 责任印制: 张允豪

东北师范大学出版社出版发行
长春市净月经济开发区金宝街 118 号（邮政编码：130117）
销售热线：0431-84568036
传真：0431-84568036
网址：http://www.nenup.com
电子函件：sdcbs@mail.jl.cn
定州启航印刷有限公司印装
2019 年 9 月第 1 版　　2019 年 9 月第 1 次印刷
幅画尺寸：170mm×240mm　印张：10　字数：187 千

定价：49.00 元

前 言

在我国，作为信息社会的新阶段，大数据时代已经到来。大数据时代，教育的创新环境和理念发生了重要变化。如何适应大数据时代的要求，成为我国现代教育面临的难题和重点。近年来，国内外学者对于大数据与教育的融合问题做了很多探讨。

中央电化教育馆副馆长王晓芜曾说："教育正在走向大数据时代，谁能够发现数据，谁就能够赢得未来的生存；谁能够挖掘数据，谁就能够赢得未来的发展；谁能够利用数据，并利用数据提供个性化的服务，谁就能够赢得未来的竞争。"目前，随着互联网、云计算、物联网、移动互联网、智能技术等技术的快速发展，教育数据的形式和来源越来越趋于多元化、多样化，谁能快速发现和整合数据，并能利用数据挖掘其背后的价值，谁就能有效增加其在未来的竞争力。

从 2013 年起，国内教育领域便掀起了基于大数据技术促进教育改革和创新发展相关研究的热潮，大数据的教育应用研究迅速发展起来。2014 年 3 月，教育部印发的《2014 年教育信息化工作要点》中指出："要加强对动态监测、决策应用、教育预测等相关数据资源的整合与集成，为教育决策提供及时和准确的数据支持，推动教育基础数据在全国的共享。"近年来，教育部积极采取措施，加强大数据人才培养，支撑大数据技术产业发展。自 2014 年起，为贯彻落实教育规划纲要，创新产学合作协同育人机制，教育部组织有关企业和高校实施产学合作协同育人项目。在相关专业设置方面，2015 年本科专业特设新专业——数据科学与大数据技术，布点 3 个。同年 10 月，教育部公布了新修订的《普通高等学校职业教育（专科）专业目录（2015 年）》，主动适应大数据时代发展需要，新设了云计算技术与应用、电子商务技术专业，增设了网络数据分析应用专业方向。随着我国教育信息化进程的不断推进，大数据与教育领域深度融合的步伐必将加快，这是当前教育事业发展的必然趋势。

大数据的应用在观念、理念、模式、内容、方式、方法上都对传统教育产生了重大影响，在数据的存储、调用和处理等环节上都与传统教育有了很大不同，教育大平台与大数据的形成是必然趋势。

当前，大数据已经在教育领域中有了广泛的应用。比如，美国哈佛大学教授尼尔·谢珀德通过大数据开展了学历学位价值对于不同性别毕业生的溢价影响的研究。他带领团队通过对大数据的使用，较轻松地掌握了 26 万名毕业生在毕业多年后（如 10 年）的收入水平，发现"研究生溢价"对于女性的影响普遍高于男性，女性更受益于在学历学位上的投资，拥有研究生学历的女性收入要高于没有该学历的女性。

从高校管理层面来看，大数据在分析并解决一些不断变化的趋势上具有重要优势，而这些正是目前高等教育在管理中遇到的机遇，当然也是重要挑战。他认为，数据采集、数据处理、数据传输和数据存储可以将各种数据库集成到数据仓库，高等教育机构可以与政府部门、商业部门甚至金融部门等各行业各领域共享这些丰富的时代数据，从而掌握最新的社会和经济变化情况，调整自己的招生、管理和教学策略，在全球风云变幻的当下，更好地承担应尽的人才培养责任。

大数据可以说是从基础教育贯穿到高等教育，甚至到终生教育。教育大数据更是分布在包括教育教学管理、教学资源、教学行为、教学评估等在内的综合教育系统的始末。大数据的思维和理念可以为优化教育政策、创新教育教学模式、变革教育测量与评价方法等理论研究提供客观依据以及新的研究视角，能够更好地推动教育领域的变革。

本书在对大数据的概念及大数据与教育的关系分析基础上，深入剖析了在大数据环境下，我国现代教育系统各个层面的变革，并列举了大数据技术在教育领域的应用案例，可供大数据从业者或教育管理工作者阅读参考。

目　录

第一章　大数据技术概述

第一节　大数据技术的基本概念与分类

一、大数据及大数据技术的基本概念

大数据首先是数据，其次是具备了某些特征的数据。由于运算量的需求激增，原有的基于单机的运算技术显然已经不能满足需求，这就催生了大数据这一新技术。

所谓大数据技术，就是从各种各样类型的数据中快速获得有价值信息的能力[①]。抽象而言，各种大数据技术无外乎分布式存储＋并行计算，具体体现为各种分布式文件系统和建立在其上的并行运算框架。这些软件程序都部署在多个相互连通、统一管理的物理或虚拟运算节点之上，形成集群（cluster）。因此可以说，云计算是大数据的基础。

大数据时代的数据有以下几个主要特点：

（1）规模巨大。个人和组织面临着数据量的大规模增长，呈现为海量数据。典型的个人计算机硬盘的容量为 TB 量级，一些大企业的数据量已经接近 EB 量级。根据麦肯锡全球研究院（MGI）测算，全球企业 2010 年在硬盘上存储了超过 7EB（1EB 等于 10 亿 GB）的新数据。2015 年全球移动终端产生的数据量达到 6300PB。目前，大数据的规模尚是一个不断变化的指标，单一数据集的规模范围从几十 TB 到数 PB 不等。此外，各种意想不到的来源都能产生数据。

（2）类型多样。数据来自多种渠道，如网络日志、社交媒体、互联网搜索、手机通话记录及传感器网等，内容包括所有格式的办公文档、文本、图片、XML、HTML、各类报表、图像和音频/视频信息等。这些数据是多视角的，不仅有正规的数据、媒体新闻数据、时效性的数据，还有带有个人情感的数据。

[①]　魏巍巍，牛凯. 大数据技术在教育领域的应用研究 [J]. 产业与科技论坛，2019，18（02）：64—65.

而这些数据又打破了之前限定的结构化数据范畴，包含着结构化、半结构化以及非结构化的数据，并且半结构化和非结构化数据所占份额越来越大。

（3）产生速度快。即数据被创建和移动的速度快，时效性要求高，这是大数据区别于传统数据的最显著的特征。在高速网络时代，通过基于实现软件性能优化的高速电脑处理器和服务器，快速创建实时数据流已成为流行趋势。例如，一天之内谷歌公司处理几十 PB 的数据，Facebook 新产生约 10 亿张照片、300TB 以上的日志，淘宝网进行数千万笔交易、产生 20TB 以上的数据，新浪微博的约 3 亿用户可产生上亿条微博。

（4）价值密度低。随着物联网的广泛应用，信息感知无处不在，数据信息海量，但其价值密度较低。价值密度的高低与数据总量的大小成反比，大数据中无用数据多，但综合价值大。例如，视频数据中，1 小时的视频中有用的数据可能仅有一两秒钟，其余的都是无用数据，价值密度相对较低。因此，如何通过强大的数据挖掘算法更迅速地完成数据的价值"提纯"，是大数据时代亟待解决的难题。

（5）存储要求高。种类多样的数据源，既提供了大量的数据，又带来了科学存储的问题。大数据通常可达到 PB 级的数据规模，因此海量数据存储系统也一定要有相应等级的扩展能力。当前互联网中的数据正向着异质异构、无结构趋势发展，新数据类型不断涌现，用户需求呈现出多样性，但是目前的存储架构却难以解决数据的异质异构、爆炸性增长带来的存储问题，而静态的存储方案又满足不了数据的动态演化所带来的需求，因而在海量分布式存储和查询方面仍然需要进一步研究。

（6）管理复杂。大数据的规模和复杂的结构是传统 IT 架构所面临的直接挑战，传统的数据管理技术已不适合处理海量异构数据。目前可选择的方法包括大规模并行处理架构、数据仓库，或类似 Greenplum 的数据库以及 ApacheHadoop 解决方案等。

二、大数据技术的主体分类

大数据技术，就是从各种类型的数据中快速获得有价值信息的技术。大数据领域已经涌现出了大量新的技术，它们成为大数据采集、存储、处理和呈现的有力武器。

大数据处理关键技术一般包括大数据采集、大数据预处理、大数据存储及管理、大数据分析及挖掘、大数据展现和应用（大数据检索、大数据可视化、大数据应用、大数据安全等）。

（一）大数据采集技术

通过 RFID 射频、传感器、社交网络及移动互联网等方式获得的各种类型的结构化、半结构化（或称之为弱结构化）及非结构化的海量数据，是大数据知识服务模型的根本。

大数据采集一般分为两类：一是大数据智能感知层。主要包括数据传感体系、网络通信体系、传感适配体系、智能识别体系及软硬件资源接入系统，实现对结构化、半结构化、非结构化的海量数据的智能化识别、定位、跟踪、接入、传输、信号转换、监控、初步处理和管理等。必须着重攻克针对大数据源的智能识别、感知、适配、传输、接入等技术。二是大数据基础支撑层。主要是提供大数据服务平台所需的虚拟服务器，结构化、半结构化及非结构化数据的数据库及物联网络资源等基础支撑环境。重点攻克分布式虚拟存储技术，大数据获取、存储、组织、分析和决策操作的可视化接口技术，大数据的网络传输与压缩技术，大数据隐私保护技术等。

（二）大数据预处理技术

主要完成对已接收数据的辨析、抽取、清洗等操作。①抽取：因获取的数据可能具有多种结构和类型，数据抽取过程可以帮助我们将这些复杂的数据转化为单一的或者便于处理的构型，以达到快速分析处理的目的。②清洗：大数据并不全是有价值的，有些数据也不是我们所关心的内容，而另一些数据则是完全错误的干扰项，因此要对数据过滤"去噪"，从而提取出有效数据。

（三）大数据存储及管理技术

大数据存储与管理就是要用存储器把采集到的数据存储起来，建立相应的数据库，并进行管理和调用，重点解决复杂结构化、半结构化和非结构化大数据管理与处理技术，主要解决大数据的可存储、可表示、可处理、可靠性及有效传输等几个关键问题[1]，包括：开发可靠的分布式文件系统（DFS）、能效优化的存储、计算融入存储、大数据的去冗余及高效低成本的大数据存储技术；突破分布式非关系型大数据管理与处理技术，异构数据的融合技术，数据组织技术，研究大数据建模技术；突破大数据索引技术；突破大数据移动、备份、复制等技术；开发大数据可视化技术。

开发新型数据库技术。数据库分为关系型数据库、非关系型数据库以及数据库缓存系统。其中，非关系型数据库主要指的是 NoSQL 数据库，分为键值数据库、列存数据库、图存数据库以及文档数据库等类型；关系型数据库则包含传统关系数据库系统以及 NewSQL 数据库。

开发大数据安全技术。改进数据销毁、透明加解密、分布式访问控制、数据审计等技术；突破隐私保护和推理控制、数据真伪识别和取证、数据持有完整性验证等技术。

---

① 王鹤. 大数据时代的高等外语教育创新与实践［M］. 北京：经济管理出版社，2016：5—10.

（四）大数据分析及挖掘技术

大数据分析技术包括：改进已有数据挖掘和机器学习技术；开发数据网络挖掘、特异群组挖掘、图挖掘等新型数据挖掘技术；突破基于对象的数据连接、相似性连接等大数据融合技术；突破用户兴趣分析、网络行为分析、情感语义分析等大数据挖掘技术。

数据挖掘就是从大量的、不完全的、有噪声的、模糊的、随机的实际应用数据中，提取隐含在其中的人们事先不知道但又是潜在有用的信息和知识的过程。数据挖掘涉及的技术方法很多，有多种分类法。根据挖掘任务可分为分类或预测模型发现、数据总结、聚类、关联规则发现、序列模式发现、依赖关系或依赖模型发现、异常和趋势发现等；根据挖掘对象可分为关系数据库、面向对象数据库、空间数据库、时态数据库、文本数据源、多媒体数据库、异质数据库、遗产数据库以及环球网 Web；根据挖掘方法可粗分为机器学习方法、统计方法、神经网络方法和数据库方法。机器学习中，可细分为归纳学习方法（决策树、规则归纳）、基于范例学习、遗传算法等。统计方法中，可细分为回归分析（多元回归、自回归）、判别分析（贝叶斯判别、费歇尔判别、非参数判别）、聚类分析（系统聚类、动态聚类）、探索性分析（主元分析法、相关分析法）等。神经网络方法中，可细分为前向神经网络（BP 算法）、自组织神经网络（自组织特征映射、竞争学习）等。数据库方法主要是多维数据分析或 OLAP 方法，另外还有面向属性的归纳方法。

从挖掘任务和挖掘方法的角度，要着重突破以下几个方面：

（1）可视化分析。无论对于普通用户或是数据分析专家，可视化都是数据最基本的功能。数据图像化可以让数据自己说话，让用户直观地感受到结果。

（2）数据挖掘算法。图像化是将机器语言翻译给人看，而数据挖掘的对象就是机器的母语。分割、集群、孤立点分析等算法在能够应付大数据的量的同时，还要具有很高的处理速度。

（3）预测性分析。预测性分析可以让分析师根据图像化分析和数据挖掘的结果做出一些前瞻性判断。

（4）语义引擎。语义引擎需要设计足够的人工智能，从而能够从数据中主动地提取信息。语言处理技术包括机器翻译、情感分析、舆情分析、智能输入、问答系统等。

（5）数据质量和数据管理。数据质量是数据管理的最佳实践，通过标准化流程和机器对数据进行处理，可以确保获得一个预设质量的分析结果。

（五）大数据展现与应用技术

大数据技术能够将隐藏于海量数据中的信息和知识挖掘出来，为人类的社会经济活动提供依据，从而提高各个领域的运行效率，大大提高整个社会经济的集约化程度。

第二节　大数据技术的社会价值

一、大数据引领电子商务发展

可靠性数据是进行大数据分析的基础，其潜力价值与挖掘度是成正比的。大数据在经济上的应用依赖于规模效应，企业需要树立大数据竞争的理念，发掘并扩大大数据的价值，以此提高企业产品的品牌忠诚度。在此过程中，大数据在电子商务发展中的应用，可表现在商家以自身的产品品牌为基础，构建一种网络互动平台，紧密连接企业、员工及消费者三者之间的关系，及时处理该平台反馈的数据信息，并采取合理、有效的措施，从而建立三者之间的平衡关系。

大数据的社会性体现在它是将消费者集聚成一个具有共性的群体，使网络互动变成惯性。大数据营销模式的生成，是将相关数据信息进行集合、分析，并以此为基础，寻求个性化商品的开发和营销方式的创新，继而促进消费行为的产生。

二、大数据促生新型媒体

媒体机构在保持传统媒体优势的基础上需要讲求循序渐进的原则，切忌盲目追风，具体可向三个方从开展：一是奠定大数据资产基础。当前媒体大数据资产的积累主要来源于原创内容数字化和历史数据的整合，除却媒体自身数据，还可采取与互联网平台企业合作的方式，购买或交换用户的相关数据信息，以达到数据扩充的效果，从而奠定广泛的媒体大数据资产基础。二是提升大数据的处理能力。购置相关数据处理设备，与技术型企业通力合作，以提升媒体自身的数据应用能力；实施人才养成计划，培养一批核心骨干，建立智能化商业模式，研发新品，助力企业运营，部署符合时代发展需求的战略，进而提升媒体广告所产生的效果。三是大数据辅助媒体报道。充分理解并应用数据新闻学，深度挖掘数据的集合背景，建立各环节之间的关联模式，运用可视化手段实现与观众的互动，完善媒体服务的质量。

三、大数据推动医疗事业创新

大数据对医疗新品研发的推动作用，主要体现在降低产品研发成本上。医疗新品研发企业可通过建立数据模型，计算投入与产出的比例，优化资源配置，收集药物临床实验的相关数据信息，以数据模型的形式进行展示、分析，从而预判产品的安全性、有效性，择取最优药物产品，在降低研发成本的同时，缩短产品研发时间。医药研发企业还可借助数据在媒体方面的影响，更快地将新品药物推向市场，以现实数据为依据，提升自身品牌的知名度，获取消费者的认可。

大数据为医疗服务模式的创新指明了思路。数据将贯穿于整个医疗服务过程中，通过整理分析患者的临床数据信息，处理医疗保险数据集，提升付费方的医疗决断力，从而有利于医疗服务方更好地采取医疗行为。大数据集的使用大大改善了社会公众的健康，通过建立世界各地的电子病例数据库，医疗卫生部门能及时监测疫情发展状况[①]，从而采取有效的控制措施，减少医疗索赔的支出，降低传染病的扩展率。大数据的应用还可为公众提供及时、准确、有效的健康咨询服务，提高公众健康的风险意识，为人们创造更美好、更健康的社会生活环境。

四、大数据促进教育变革

（1）大数据教育的先进性。自古以来，教育始终是整个社会关注的焦点，其代表着整体社会未来的发展方向。从本质上来看，大数据与传统数据的区别在于采集来源与应用方向的不同。传统数据的采集主要分为考试或调查两种方式，具有一定的周期性、阶段性，相关数据信息存在一定的缺陷。而大数据的采集是过程性的，其对学生的现实状况了解更为全面、具体且真实度更高，有利于教育工作者产生更有效的教育行为。

（2）大数据教育模式的建立。大数据教育模式的建立，需要注意以下两方面的要素：第一，全面对学生进行评估。从日常的教育活动中不难看出，学生获取良好成绩的方式主要分为两种：一种是依靠优越的逻辑思维能力；另一种则是依靠良好的记忆能力。后者对培养学生出色的逻辑思维能力没有任何帮助，却可以隐藏学生在学习过程中表现出的不足和风险。大数据在教育行为中的应用则可以清晰地明辨这两者之间的区别，为教育工作者因材施教提供了有力保障。第二，对学生的学习行为进行积累监测。在课内，大数据教育模式可以监控学生的整个学习流程，在自然的状态下，体现学生的学习状态，教育工作者可借助对数据信息的变动分析，了解课堂改造教学的效果，进而对不足之处进行完善；通过对学生学习行为的记录数据分析，分化不同学生对相关知识的掌握程度和兴趣所在，从而开展多样性的课堂教学活动。在课外，学校可通过数据信息处理工具，将学校的一些活动通知反馈给家长，家长使用手机或电脑进

---

① 王鹤. 大数据时代的高等外语教育创新与实践 [M]. 北京：经济管理出版社，2016：16—19.

行接收，并将学生各阶段的家庭学习情况反馈给学校，可以使学校更好地掌握学生的学习状态，从而为学生营造一种轻松、愉悦的学习环境。

第三节　大数据技术的应用领域与方向

随着大数据的应用越来越广泛，应用的行业也越来越普遍，许多组织或者个人都会受到大数据剖析的影响，那么，大数据是怎样帮助人们挖掘出有价值的信息呢？下面就来看看九个价值极度高的大数据的应用，这些都是大数据在剖析应用上的关键领域。

一、理解客户、满足客户服务需求

大数据在这一领域的应用是最广为人知的，重点是怎样应用大数据更好地了解客户以及他们的喜好和行为。为了更加全面地了解客户，企业极度喜欢收集他们社交方面的数据、浏览器的日志和传感器的数据等。例如，美国的著名零售商 Target 就是通过大数据的剖析获得有价值的信息，从而精准地预测到客户在什么时间想要小孩。另外，通过大数据的应用，电信公司可以更好地预测出流失的客户，沃尔玛则更加精准地预测哪个产品会大卖，汽车保险行业会了解客户的需求和驾驶水平，政府也能了解到选民的偏好。

二、优化业务流程

大数据能够帮助优化业务流程，其中应用得最广泛的就是供应链以及配送路线的优化，在这两个方面，通过地理定位和无线电频率的识别追踪可以制订更加优化的路线。人力资源业务也可通过大数据的剖析来进行改良，其中就包括了人才招聘的优化。

三、大数据正在改善我们的生活

大数据不只是应用于企业和政府，同样也适用于生活中的每个人。例如，可以利用穿戴的装备（如智能手表或者智能手环）生成最新的数据，让人们根据热量的消耗以及睡眠模式来进行追踪，还可以利用大数据剖析来寻找爱情，大多数交友网站就是利用大数据应用工具来帮助需要的人匹配合适对象的。

四、提高医疗水平

大数据的计算能力可以让人们在几分钟内就解码整个 DNA，并且制订出最新的治疗方案，同时，可以更好地去理解和预测疾病，就好像人们戴上智能手表等可以形成数据一样，大数据同样可以帮助病人对于病情进行更好的治疗①。大数据技术已经在医院应用于监视早产婴儿和患病婴儿的情况，通过记录和剖析婴儿的心跳，医生就可以针对婴儿身体可能出现的不适症状做出预测，从而帮助医生更好地救助病儿。

五、提高体育成绩

现在许多运动员在训练的时候也应用大数据剖析技术。例如，用于网球比赛的 IBM SlamTracker 工具，是通过视频剖析来追踪比赛中每个球员表现的，而运动器材中的传感器技术（如篮球或高尔夫俱乐部）可以让我们获得比赛的数据，从而提高体育成绩。许多精英运动队还通过使用智能技术来追踪队员的营养情况以及监控其情感情况。

六、优化机器和设备性能

大数据剖析可以让机器和设备在应用上更加智能化和自主化。例如，大数据工具曾被谷歌公司用来研发自驾汽车。丰田的普瑞就配有相机、GPS 以及传感器，能够做到无人驾驶。大数据技术还可以用来优化智能电话。

七、改善安全和执法

大数据已经广泛应用到安全执法的过程中。例如，美国国家安全局利用大数据打击恐怖主义，甚至用来监控人们的日常生活；企业应用大数据技术防御网络攻击；警察应用大数据工具捕捉罪犯；信用卡公司应用大数据工具预防敲诈性买卖。

八、改善我们的城市

目前，大数据已被应用于改善城市生活。例如，基于城市的实时交通讯息，利用社交网络和天气数据来优化最新的交通情况。

九、金融买卖

大数据在金融行业主要是应用于金融买卖。高频买卖（HFT）是大数据应用得比较多的领域。现在许多股权的买卖都是基于大数据算法进行的，这些算法越来越多地考虑了社交媒体和网站新闻的建议。

以上是大数据应用最多的九个领域。随着大数据的应用越来越普及，还会出现许多新的大数据应用领域以及新的大数据应用。

---

① 陈海滢，郭佳肃. 大数据应用启示录［M］. 北京：机械工业出版社，2017：9—12.

第二章　大数据技术与现代教育

第一节　大数据技术与教育的关系

　　大数据是信息技术最新发展成果的典型代表，是工业 4.0 等各行业新一轮重大变革的主要推手，对教育行业也产生了重大影响。基于大数据的个性化教学、科学化评价、精细化管理、智能化决策、精准化科研等，将对促进教育公平、提高教育质量、培养创新人才具有不可估量的作用。

一、驱动教学模式重塑

　　传统的教学模式映射了工业化时代标准化、规模化的生产方式特征，以"教师、教材、课堂"为中心的"三中心"教学模式，注重学科知识体系的构建和教师的主导地位，强调课堂上知识的单向传授，虽然成功地解决了工业社会发展所需要的大规模知识型、技能型人才培养问题，但很大程度上忽略了学习者的个性化需求。

　　随着大数据在教育领域的应用，我们可以更精细地刻画师生教与学的特点，并有针对性地推送教学内容与服务，从而促使教学能够更有效关注个体，真正实现因材施教，培养出符合信息化时代所需要的个性化、创新型人才。例如，美国奥斯汀佩伊州立大学针对多元化的学生结构，采用"学位罗盘"个性化课程推荐系统，利用学习分析技术分析匹配对象的过往成绩与课程表之间的相关性，预测该学生未来在该课程取得的成绩，从而帮助每个学生选择最适合自身发展的课程，最终达到提升学业表现的目的。

二、驱动评价体系重构

　　教育评价是提高教育教学质量的有力手段。传统教育评价重视学生的考试成绩，忽视了学生的综合素质和个性发展，忽视了学生进步和努力的程度，忽视了诊断和改进。

大数据使评价内容更加多元化，不再仅注重学生的学习成绩，更加关注其身心健康、学业进步、个性技能、成长体验等方面。评价内容从单纯对知识掌握状况的评价，转向知识、能力和素养并重的综合性评价；评价方式从传统的一次性、总结性评价，转向过程性、伴随性评价；评价手段从试卷、问卷，转向大数据采集分析系统。随着多种基于云的学习平台、学习终端的广泛应用，收集学生的过程性学习数据如学习行为、学习表现、学习习惯等成为可能。通过分析挖掘学生学习的全过程数据，可为学生的自我发展、教师的教学反思、学校的质量提升等提供基于数据的实证分析支持。美国田纳西州的增值评价系统，利用增值评价方法分析每个学生在学业上的进步，并以此为依据来评估学区、学校、教师的效能。

三、驱动研究范式转型

教育科学的研究旨在为教育教学实践提供服务，其成果可直接作为改进教育实践的依据。

在传统的教育科学研究中，质性研究居多、量化研究较少，理论演绎居多、实证研究较少。虽采用了观察法、调查法、统计法等实证研究方法，但由于技术和手段的局限，往往只能采用抽样思维来进行局部样本的研究，且研究反馈具有滞后性，难以满足实际教育教学实践的需求。

大数据时代，教育数据的分析将走向深层次挖掘，既要注重相关关系的识别，又要强调因果关系的确定，通过数据分析技术发现教育系统中实际存在的问题，比传统研究范式更能准确评价当前现状、预测未来趋势。例如，美国麻省理工学院和哈佛大学的学者对大规模的开放在线课程平台的教学视频操作行为进行分析，从中探寻学习者在学习过程中的若干共性，并对这些共性与视频课程的呈现内容和方式进行相关分析，据此作为后续改善教学内容设计及呈现方式的重要依据。[①]

四、驱动教育决策创新

学习分析与数据挖掘技术的进步促使教育决策更加精确与科学。随着决策方式从"基于有限个案"向"基于全面数据"转变，教育决策也从经验型、粗放型向精细化、智能化转变。

对教育大数据的全面收集、准确分析、合理利用，已成为教育决策创新的重要驱动力。美国国家教育统计中心通过应用大数据技术，创建了学生学习分析系统。借助这一系统，政府能够对各类学校学生的学习行为、学业成就、生

---

① 李钰，于海霞，文雪巍. "互联网＋"背景下大数据技术与现代教育科技深度融合的研究 [J]. 黑龙江科学，2017，8（22）：16—17.

源规划、家庭背景等海量信息进行深度挖掘，并以此作为美国联邦政府及各州衡量教育发展、分配教育资源、促进教育改革的重要依据。

五、驱动教育管理变革

当前，在学校和教育机构中，教育管理者由于无法及时掌握教学与管理综合情况，因此难以对教育系统进行动态监管。随着大数据时代的到来，对教育大数据进行深入挖掘和分析，将数据分析的结果融入学校的日常管理与服务之中，是为师生提供精细化与智能化服务的基础。

以校园网络安全监管服务为例，美国康涅狄格大学利用大数据技术分析校园网站、应用程序、服务器及移动设备等产生的日常数据，并通过对海量日志文件的数据进行深度挖掘，从而监测与定位用户如非法入侵、滥用资源等异常行为，帮助教育管理人员全面掌握潜在问题与威胁，大幅提升校园网络系统的安全防护能力。

第二节　大数据技术与教育交集的领域

一、革新教育理念和教育思维

随着大数据时代的来临，教育大数据正深刻改变着教育理念、教育思维方式。新的时代，教育领域充满了大数据，学生、教师的一言一行，学校里的一切事物，都可以转化为数据。当每个在校学生用计算机终端进行学习时，包括上课、读书、写笔记、做作业、发微博、进行实验、讨论问题、参加各种活动等，这些都将成为教育大数据的来源。大数据比起传统的数字具有深刻的含义和价值。例如，对于一张试卷、一次考试，考试得分为 90 分，它只是简简单单的一个传统的数字，但如果换一个角度来分析，把它作为一个数据来看待，就可以得到其背后所隐含的许多充满想象力的数据信息：可以是每一大题的得分，每一小题的得分，每一题选择了什么选项，每一题花了多少时间，是否修改过选项，做题的顺序有没有跳跃，什么时候翻卷子，有没有时间进行检查，检查了哪些题目，修改了哪些题目等。这些信息远远比一个 90 分要有价值得多。不单是考试，课堂、课程、师生互动的各个环节都渗透了这些大数据。教育将不再是靠理念和经验来传承的社会科学，大数据时代的教育将步入实证时代，变成一门实实在在的基于数据的实证科学。大数据使教育者的思维方式发生了深刻变化，传统的教育大多是教育主管部门和教育者通过教学经验的学习、总结和继承来展开的，但是有些经验是不具有科学性的，有时会影响人们的判断。

大数据时代可以通过对教育数据的分析，挖掘出教学、学习、评估等符合学生实际与教学实际的情况，从而有的放矢地制定、执行教育政策，制定出更符合实际的教育教学策略。

二、实现个性化教育

大数据带来的一个变化在于，使实施个性化教育具有了可能性，真正实现从群体教育转向个体教育。利用大数据技术，我们可以去关注每一个学生个体的微观表现，如他在什么时候翻开书，在听到什么话的时候微笑点头，在一道题上逗留了多久，在不同学科的课堂上提问多少次，开小差的次数为多少，会向多少同班同学发起主动交流，等等。这些数据的产生完全是过程性的，包括课堂的过程、作业的过程、师生或生生互动的过程等，是对即时性的行为与现象的记录。通过这些数据的整合，能够诠释教学过程中学生个体的学习状态、表现和水平，而且这些数据完全是在学生不知不觉的情况下被观察、收集的，只需要一定的观测技术与设备的辅助，而不影响学生任何的日常学习与生活，因此，其采集过程非常自然、真实，可以获得学生的真实表现。大数据技术将给教师提供最为真实、最为个性化的学生特点信息，教师在教学过程中可以有针对性地因材施教。例如，在课堂学习过程中，哪些学生注意基础部分，哪些学生注意实践内容，哪些学生完成某一练习，哪些学生可以阅读推荐书目，等等。不仅如此，当学生在完成教师布置的作业时，也能通过数据分析强化学习。例如，通过电子设备做作业时，某一类型的题目有几次全对，就可以把类似的题目跳过；如果某个类型的题目犯错，系统则可进行多次强化。这样不仅提高了学习效率，也减轻了学生的学习负担。

三、重新构建教学评价方式

在教学评价中应用大数据，可以通过技术层面来评价、分析，进而提升教学活动的效果，从依靠经验评价转向基于数据评价。教学评价的方式不再是经验式的，而是通过大量数据的"归纳"找出教学活动的规律，更好地优化、改进教学过程。例如，新一代的在线学习平台，具有行为记录和学习诱导的功能。通过记录学习者鼠标的点击能力，可以研究学习者的活动轨迹，发现不同的人对不同知识点有何不同反应，用了多长时间以及哪些知识点需要重复、哪些知识点需要深化等。对于学习活动来说，学习的效果体现在日常行为中，哪些知识没有掌握、哪类问题最易犯错等成为分析每个学生个体行为的直接依据。通过大数据分析，还可以发现学生思想、心态与行为的变化情况，可以分析出每个学生的特点，从而发现优点、规避缺点，矫正不良思想行为。此外，大数据通过技术手段记录教育教学的过程，实现了从结果评价向过程性评价的转变。

例如，基于网络学习平台或电子课本，能记录下学生完成作业情况、课堂言行、师生互动、同学交往等数据，教师在期末时将这些数据汇集起来，就有了更加丰富的素材与数据依据，可以发现学生在学习成长过程中的特点，能对学生的发展提出建议。同时，这些数据也可以促使教师进行教学反思，从而促进和优化教学实施过程。

四、加强学校基于数据的管理

大数据对于学校管理具有重要的价值，有利于实现学校管理的精确化、科学化。学校管理离不开信息，学校是培养各类专门人才、传授知识和创造知识的场所，拥有众多的专业学科，与国内外联系广泛，每天进行着各种教学、科研及管理活动，蕴藏着十分丰富的信息资源。学校管理中的各种决策和控制活动，如培养目标的确定、教学计划的制订、教学组织指挥、教学质量控制、教学评估、教师管理、学生管理等，都是以大量的数据为基础的，并不断产生各种新的数据，大数据的处理和挖掘对于学校管理具有关键作用。例如，针对教务管理、行政管理、科研管理、人事管理、财务管理、后勤管理等各类领域，进行全校系统的规划、梳理，同时，针对重要的管理对象数据，从多个源头、不同方向对同一个对象进行数据记录，数据之间可以互相印证，形成多源的管理对象大数据。此外，大数据分析技术，也为学校网络信息安全管理提供了重要手段。例如，利用大数据分析学校信息网络运行日志数据，据此学校信息安全管理人员能够审计网络环境，并观察到故障点的位置，从而帮助他们升级或安装防病毒解决方案[1]，或采取其他安全措施，以提升学校的信息安全防护能力。

---

① 刘东旭. 大数据对教育教学的影响 [J]. 信息与电脑（理论版），2018（16）：229—230，248.

第三章　大数据技术下的教育系统环境

教育大数据系统环境是什么？系统环境是指系统周围与系统有关的各种因素的集合，通常包括自然、社会、国际、劳动和技术等方面的因素。我们认为，对于教育大数据而言，教育大数据的系统环境包括教育大数据发展的社会环境、教育大数据的技术体系框架、教育大数据的应用服务以及教育大数据的载体及应用场景等。

第一节　教育大数据的技术体系框架

教育大数据的处理流程包括数据采集、数据处理、数据分析与数据呈现四个环节，教育大数据技术体系框架如图 3 - 1 所示。

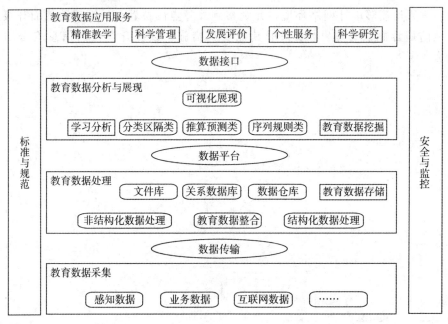

图 3 - 1　教育大数据技术体系框架

该框架从下往上依次是教育数据采集层、教育数据处理层、教育数据分析和展现层。通过数据传输接口，数据采集层将采集到的各类教育数据传递给数据处理层，并通过数据整合、存储形成教育数据平台；基于该教育数据平台，分析层可实现教育大数据的分析与挖掘，并将分析结果通过数据接口传递给展现层。在这个框架中，安全与监控贯穿整个流程，以保证教育数据各个环节的安全性和可控性；标准与规范则是整个框架的基础，以保障各个环节之间以及整个系统教育数据的融通与共享。

教育数据与其他领域的数据比较起来，有一些独有的特征，总结起来就是教育数据是分层的（hierarchical）。掌握了不同层级的数据，就可以为身处不同层级的人提供相应的数据报告，帮助他们更好地认知在哪儿、知道什么以及能做什么（wheretheyare, whattheyknow, whattheycandotoimprove）。

为了保证大数据的可用性，首先必须在数据的源头上把好质量关，做好从原始数据到高质量信息的预处理。与传统教育数据相比，教育大数据的来源更加多样化，包括业务系统内部数据、互联网数据和物联网数据等，不仅数量庞大、格式不一，而且质量良莠不齐。因此，在教育数据采集环节必须规范数据格式并进行初步预处理，以便于后续教育数据的存储、管理与应用。

教育数据处理环节包含数据整合和数据存储。数据整合是指通过高质量的数据整合方法，对数据进行加工处理，并在尽可能保留原有语义的情况下去粗取精、消除噪声，从全局的角度保证数据的一致性和相关性；数据存储是所有数据的集中存放，主要存放各种结构化、半结构化和非结构化的历史数据、预测数据、汇总数据以及需要共享的数据等。教育大数据的存储系统不仅需要以极低的成本存储海量数据，而且需要适应多样化的非结构化数据的管理需求，具备数据格式上的可扩展性。教育业务具有较强的差异性和灵活性，因此需要根据教育数据的类型和具体的分析目标，灵活选用或改进数据处理的算法模型。

第二节　教育数据挖掘与学习分析

2012 年，美国教育部发布了题为《通过教育数据挖掘和学习分析技术来提高教与学：问题简述》（以下简称《报告》）的报告，主张通过教育数据挖掘、学习分析和可视化数据分析来改进自适应学习系统，实现个性化学习。《报告》指出，大数据在教育中的应用主要有两大领域：教育数据挖掘（EducationalDataMining，简称 EDM）和学习分析技术（LearningAnalytics，简称 LA）。根据《报告》的观点，教育数据在采集和处理后，要对数据进行深度价值挖掘，这里主要用的是教育数据挖掘和学习分析。

教育数据挖掘是一个将来自各教育系统的原始数据转换为有用信息的过程，这些有用信息可为教师、学生、家长、教育研究人员以及教育软件系统开发人员所利用。传统教育数据挖掘的多是结构化、单一对象的小数据集，其挖掘更侧重根据先验知识预先人工建立模型，然后依据既定模型进行分析。对于非结构化、多源异构的教育大数据集的分析，往往缺乏先验知识，很难建立显式的数学模型，这就需要发展更加立体化、全息高维的数据挖掘方法与技术。《报告》通过对教育数据挖掘领域专家进行访谈，列出了教育数据挖掘的四个研究目标。

（1）通过整合学习者知识、动机、元认知和态度等详细信息进行学习者模型的构建，预测学习者未来的学习发展趋势。

（2）探索和改进包含最佳教学内容和教学顺序的领域模型。

（3）研究各种学习软件所提供的教学支持的有效性。

（4）通过构建包含学习者模型、领域模型和教育软件教学策略的数据计算模型，促进学习者有效学习的发生。

学习分析是指通过测量、收集、分析、汇报学习者和他们所处环境的数据，理解和优化学习以及学习发生的环境。学习分析和教育数据挖掘密切相关，应用的分析方法也较为相似。目前，学习分析领域常用的分析方法包括网络分析法、话语分析法和内容分析法。近年来，越来越多的研究者开始应用滞后序列分析法来识别各种在线学习行为模式。除了教育数据挖掘与学习分析，如何利用数据可视化技术让复杂的分析结果以更加直观、易于理解的方式呈现给用户，也是教育大数据发展过程中亟须解决的重要问题。

《报告》认为，学习分析是指综合运用信息科学、社会学、计算机科学、心理学和学习科学的理论和方法，通过对广义教育大数据的处理和分析，利用已知模型和方法去解释影响学习者学习的重大问题，评估学习者的学习行为，并为学习者提供人为的适应性反馈。例如，教师和学校可根据学习分析的结果，调整教学内容、对有学习失败风险的学生进行干预等。学习分析一般包括数据采集、数据存储、数据分析、数据呈现和应用服务五个环节。

《报告》中有关教育数据挖掘和学习分析应用领域的内容主要来源于对领域内公开发表和未公开发表文献的综述，以及对领域专家的访谈。教育数据挖掘和学习分析应用领域主要包括学习者的知识、行为和经历建模，学习者建档，领域知识建模和趋势分析。详细应用领域情况如表 3-1 所示。

表 3-1　教育数据挖掘和学习

应用领域	解决的问题	用于分析的数据
学习者知识建模	学习者掌握了哪些知识（如概念、技能、过程性知识和高级思维技能等）	①学习者正确的、不正确的和部分正确的应答数据，学习者做出应答花费的时间，帮助请求数据，犯错和错误重复数据；②学习者的技能练习数据（内容和持续时间）；③学习者的测试（形成性和总结性）结果数据。
学习者学习行为建模	学习者不同的学习行为范式与学习者学习结果的相关关系	①学习者正确的、不正确的和部分正确的应答数据，学习者做出应答花费的时间，帮助请求数据，犯错和错误重复数据；②学习者学习情境相关数据。
学习者经历建模	学习者对于自己学习经历的满意度	①满意度调查问卷和量表测试数据；②在后续学习中学习者对于学习单元或课程的选择和表现数据。
学习者建档	学习者聚类分组	学习者正确的、不正确的和部分正确的应答数据，学习者做出应答花费的时间，帮助请求数据，犯错和错误重复数据。
领域知识建模	学习内容的难度级别、呈现顺序与学习者学习结果的相关关系	①学习者正确的、不正确的和部分正确的应答数据；②学习者在不同难度学习模块中的表现情况数据；③领域知识分类数据，技能和问题解决的关联性数据。
学习组建分析和教学策略分析	在线学习系统中学习组建的功能、在线教学策略与学习者学习结果的相关关系	①学习者正确的、不正确的和部分正确的应答数据，学习者在不同难度学习模块中的表现情况数据；②领域知识分类数据，技能和问题解决的关联性数据。
趋势分析	学习者当前学习行为和未来学习结果的相关关系	①在线学习系统中学习者学习行为相关的横向和纵向数据；②学生信息管理系统中，持续一段时间且相对稳定的学习者基本信息数据。
自适应学习系统和个性化学习	学习者个性化学习实现和在线学习系统自适应性实现	①在线学习系统中学习者学习行为相关的横向和纵向数据；②与在线学习系统使用相关的用户反馈数据。

第三节　教育大数据发展利用面临的问题及对策

当前，我国教育大数据的发展与利用已具备一定基础，但与商业、医疗、环保等领域相比，还存在诸多问题。

一是大数据结构标准不统一。近年来，伴随着云技术、物联网、大数据、泛在网络等新一代信息技术的持续发展，各地都加大了对教育信息化建设的投入，但由于采用的处理技术、应用平台各异，采集的数据格式不统一、标准不一致，数据库接口也不互通，数据多、来源多、类型多，形成了一个又一个条块分割的数据"孤岛"。

二是大数据共享机制不明确。大数据的价值基础在于数据规模大、来源广、共享普遍，然而当前的教育大数据共享还普遍存在"不愿共享""不敢共享""不能共享"的难题，没有形成统一联动的共享机制，数据的归集、整合、清洗、比对等普遍滞后。这其中有避免数据安全风险的因素，但更多的是缘于大数据思维欠缺。

三是大数据应用不成熟。当前，在我国教育领域得到普遍认可的大数据应用屈指可数，如在学生画像、学业预警、精准资助等方面有成功探索，但仍然比较零散，数据规模也不大，模型构建、可视化呈现则处于起步阶段。

四是大数据发展制度安排不健全。国家层面缺乏对教育大数据发展体制、机制、共享、技术、方法、应用与安全等方面系统规划的法规，还没有体系化的大数据集成、使用和管理机构。

五是大数据人才支撑不充足。随着我国大数据产业的突飞猛进，数据工程师、数据分析师等人才短缺问题日益凸显，这成为教育大数据向纵深发展的瓶颈之一。

六是大数据安全隐私保障不完善。教育大数据涉及庞大的教育者和受教育者信息以及教育教学的方方面面，关乎国计民生，现有法律法规有关教育大数据的规定并不明确，存在边界模糊情况，既不利于维护数据安全，也不利于数据充分共享。

加快教育大数据发展利用的对策建议如下：一是做好顶层设计，完善制度供给。大数据时代的教育现代化涉及教育理念、管理方式、组织结构等多方面深刻变革，有必要将教育大数据的发展作为教育现代化的技术支撑纳入国家战略，明确教育主管部门、教育机构、大数据企业等相关各方的责权利，从人才、资金、政策等方面给予系统支持，制订数据标准、数据共享、数据管理、数据存储、数据安全和数据应用规范，引导教育大数据产业健康发展。

二是建立专门机构，实施数据治理。教育大数据是宝贵的教育发展资源，中国是教育大国，所产生的海量教育数据的潜在价值不可估量。应出台教育大数据管理办法，成立专门的大数据治理机构，履行法定职能，制订规范标准，支持大数据应用开发，保障教育数据安全隐私，推动数据共享共建，引导大数据产业发展。

三是建设公共平台，推动数据共享。教育大数据的价值和前景是基于海量数据资源的汇聚、挖掘和应用的，我国《"十三五"国家信息化规划》提出，要打破各种信息壁垒和"孤岛"，推动信息跨部门跨层级纵向贯通、横向集成、共享共用。数据共享是一项基础性工作，又是一项难度很大的工作。要实现数据共享，须在数据收集、数据存储和数据分析等环节建立公共服务平台，这些平台都是投入巨大但收效较缓慢的基础工程。以存储为例，在国外一些使用大数据的成功案例里，客户需要为 45 天的数据存储服务支付超过 100 万美元的费用。[①]

四是注重人才培养，完善业态布局。专业人才缺乏是制约大数据发展的重要因素。目前，部分高校开始开设大数据专业，并以市场为导向开展校企合作，人才匮乏问题有望逐步缓解。基于此，应推动形成包括基础设施提供商、数据采集提供商、数据挖掘与分析提供商、数据应用服务提供商、数据存储服务提供商和数据安全服务提供商等的完整业态布局，推进教育大数据持续、健康、有序发展。

第四节　教育大数据的应用服务：个性化学习环境

教育数据应用服务是将教育数据分析的结果用于改善不同的教育业务，最终服务教育的整体改革与发展。当前教育数据应用服务主要聚焦在精准教学、科学管理、全面而有个性的发展评价、个性化服务以及基于全样本的科学研究等五个方面，服务对象主要包括教师、学生、家长、教育管理者和社会公众五类用户。

通过对教育大数据的分析，可以辅助教师更好地调整和改进教学策略，重构教学计划，完善课程的设计与开发；向学生推荐个性化的学习资源、学习任务、学习活动和学习路径；帮助家长更加全面、真实地认识孩子，与学校一起促进孩子的个性化成长；帮助教育管理者制订更科学的管理决策；帮助社会公众把握教育的发展现状，享受更具针对性、更适合自己的终身学习服务。

---

① 鲁良. 发展教育大数据助推教育现代化 [N]. 湖南日报，2018-10-16 (007).

以某学习软件为例，应用大数据技术全程实时分析学生个体和班集体的学习进度、学情反馈和阶段性成果，及时找到问题所在并对症下药，实现对学习过程和结果的动态管理。

大数据分析系统以学生为中心，按照教、学、测三个环节组织线上学习内容与学习过程，将学生、教师、家长和机构四类用户群有机整合在 MEL 学习管理系统中，各司其职，相互作用，形成了个性化的课堂教学、家庭辅导和自主学习管理环境。

一、学习者模型的建立

实现个性化学习的关键是发现学习者在学习中的个体差异，并提供适应个体需要的学习。发现学习者的个体差异，在计算机辅助教学中就是要建立学习者的学习模型①，并在此基础上建立相应的教学模型。在网络教学中，可以通过网络交互技术记录学习者的学习信息，并将收集到的学习信息作为学习者的个人学习档案保存下来，从而作为为学习者提供学习帮助和学习策略的依据。

二、学习过程的智能化控制

苏联著名的教育家、教学论专家巴班斯基曾经提出"教学过程最优化论"。所谓教学过程的最优化，就是要求将社会的具体要求与师生的具体情况和所处的教学环境、条件以及正确的教学原则几方面结合起来，从而选择和制订最佳工作方案（即教案），并在实际中坚决而灵活地施行之，最终达到最佳的教学效果。

在网络教学中，学习者的学习大多是独自完成的，但学习者不能完全自我控制学习过程，而且由于学习者与教师不是面对面的，通过电子邮件进行交流是有限的，教师对学习者的学习过程的情况也不太了解，想要通过教师来完成学习过程的控制是不可能的。因此，通过完善网络教学系统的教学管理功能，让系统自动来完成对学习者学习过程的监控是切实可行的方法。

学习者是通过与计算机和网络的交互来学习的，学习者学习过程中的大多数信息都可以通过一定的技术将其记录下来，这些记录下来的信息教学系统可自动进行分析，根据分析的结果教学系统可将相应的学习情况即时反馈给学习者，让学习者了解自己在学习过程中的问题，调整下一步的学习，从而有效地控制学习过程。另外，这些信息也可作为参考信息提供给辅导教师，让教师有了因材施教的依据。

---

① 方海光. 教育大数据：迈向共建、共享、开放、个性的未来教育 [M]. 北京：机械工业出版社，2016：30—35.

三、完善的学习评价与快捷的信息反馈

学习的目的在于促进学习者的各种能力的提高。不同的学习者对学习目标的完成情况不同，通过学习提高的能力也不同，因此，应该给予学习者个性化的学习评价和学习策略建议。另外，学习评价不只是发生在一个学期末或一个学年末，在学习过程中，学习评价是应该经常有的。

在目前，对学习者的能力评价基本还是通过对学习成绩的评估来进行的。在我国传统的教学中，对学习的评估主要通过作业和考试来进行，这种评估方式的缺点是缺少个性化的评价和反馈慢。

网络提供的教学是个性化的教学，利用网络技术可以自动记录学习者的学习信息，学习者可以随时通过网络进行学习测试，系统可以即时评卷、即时将测试结果反馈给学习者。

四、个性化的学习指导和帮助

由于每个学习者在知识水平、认知能力、学习风格、学习动机方面都是有差异的，因此在学习过程中所采取的学习策略也是不同的，而学习者由于自我控制学习的能力还不够，对于采取何种学习策略的认识不是很明确，因此需要得到如何选择学习策略的指导帮助。只有采取与个人学习相适应的学习策略，才能获得有效的学习，从而实现个性化学习。

五、个别学习与协作学习方式的结合

因材施教、个性化学习是建立在个别学习基础上的，但个别学习并不是一种孤立的学习。在学习中除了需要有个别学习的环境，还需要有一个协作学习的环境。网络快捷方便的通信功能为基于网络的协作学习提供了极好的技术支持，并提供了多种交流方式：实时视频交互、Email、BBS 讨论、Netmeeting 实时讨论、共享白板等。随着网络技术的发展，将会有更多的网上学习交流方式来促进网上协作学习的进行。

第五节　教育大数据的重要载体：自适应学习系统

一、自适应学习

自适应学习是一种学习者在学习具体的内容时，经过自己独立的思考并动手操作得到知识的学习。自适应学习与传统的学习有差别，传统的学习是学习

者被动地接受教师传授的知识，学习内容和学习过程基本由教师控制，而自适应学习从学生的个体差异出发，使学习环境、学习内容和学习策略不同，且处在不同学习水平的学生都可以进行符合自身的个性化学习活动。自适应学习最大的特征是在进行自主化学习的过程中，学习者能依据自己的学习状况，实时调整自己的学习内容和学习方式，从而使自己的学习更有针对性和高效性。通过上述分析比较可以总结出，通过自适应学习，学生可以真正地实现个性化学习，极大地弥补了传统教育中学生被动学习的缺陷。

二、自适应学习系统

（一）自适应学习系统支持个性化学习的优势

近年来，借助网络技术进行教学活动已成为潮流趋势，应运而生，也出现了一大批用于网络教学的远程教育系统。但是，通过实践发现其中存在许多问题，如教师无法了解学生自学的过程，学生在利用网络学习时会被网络上的娱乐性信息所诱惑，而教师所提供的学习资源相对来说比较枯燥乏味，意志力和自觉性较弱的学生很可能无法完成学习。这就导致学习者在网络教育平台上的学习变成了一种被动学习，不利于学习者自主学习能力和创新能力的培养和提高，也不利于学习者积极地进行知识建构，容易使学习者在学习过程中产生惰性。这些问题归根结底是因为这些在线教育平台没有考虑到学生的真正需求，所有的学生面对的是同样的学习资源，进行的是同样的学习活动，忽略了学生已有的认知水平和学习风格的不同。总的来说，这些学习平台不能为学生提供个性化的学习指导。所以，在利用网络平台进行教育教学的过程中，最需要的是一个真正能够为学生提供个性化服务的系统。这个系统要为每位学生提供最优质的教育资源，并且能够分析出不同学习背景和认知水平的学生的差异，为他们提供与自身情况相匹配的个性化学习服务，这就是我们所说的自适应学习系统。该系统用来模拟学生的学习背景、学习风格、学习偏好和认知状态，而且能够满足学生与系统互动过程中的个体需求。

（二）自适应学习系统

自适应学习系统的研究最早始于国外，美国匹兹堡大学的皮特·布鲁希洛夫斯基（PeterBrusilovsky）教授提出了自适应学习系统的定义：自适应学习系统是通过收集并分析学生进行自主学习活动时与系统进行双向交互所传递的数据信息，依据分析的结果来建立学习者模型，从而使传统教育中所呈现的难以解决的"无显著差异"问题得到很好改善和解决的系统。同时，美国教育部教育信息化办公室也对其提出了定义：自适应学习系统会通过分析学生在学习过程中所反馈的行为信息来动态地更新学习内容和学习策略。近年来，国内的一些学者在进行自适应学习系统的研究过程中也做出了一些定义。徐鹏和王以宁提出，自适应学习系统通过分析学生的个体差异而为学生提供符合不同学习特征的个性化学习支持。黄伯平、赵蔚等阐述了自适应学习系统的内容、文化和连通性。内容指的是系统会根据学生模型的知识结构为其补充所缺失的课外信息，为其隐藏所不需要的信息；文化指的是要考虑学习者不同的背景经历、学习动机和学习倾向性，并据此更新教学任务；[①] 连通性指的是学生所接触的学习内容在系统内部通过某种方式连接在一起，系统的导航会指示学生选择不同的学习内容。总结上述定义，我们可以得出，自适应学习系统的本质就是将学生置于学习过程的中心，将主动权交到学习者手中，通过一定的机制动态调整学习内容，以满足学习者个性化需求，从而改变学生被教育和被动接受知识的现状。

（三）自适应学习系统的通用参考模型

参考模型是包含对象的基本目标和思想的模型，可用于研究。参考模型用于创建规则，确定体系内各个部分的任务，降低问题的复杂程度，同时易于比较与交流。参考模型用一定的准则来指导系统的开发，重视组织层面的要素，进一步说明了系统的各个部分交互的过程，所以探究参考模型对于设计和开发自适应学习系统有着极其重要的意义。

关于自适应学习系统的参考模型，皮特·布鲁希洛夫斯基教授提出了一个通用模型，该模型有以下核心组件：学生模型、领域模型、教育学模型、接口模型、自适应引擎。其中学生模型主要包含的是学习者现有的学习水平、学习风格、学习经历和背景等基本信息，这是学习者个性化学习状态的表征，也是自适应学习系统中必不可少的一部分，如果没有建立完善的学生模型，该系统就无法准确反馈学习者在学习中的问题，也就无法为学习者提供准确的学习方案和学习策略。领域模型反映的是系统中知识呈现的结构形态，也就是指不同概念间的联系，每个概念都有不同的属性，同样属性的概念可以被视作不同的数据类型。教育学模型定义了学生模型如何访问领域知识模型，访问规则需要以领域知识为依据。接口模型即代表用户和系统进行信息交互的部分，系统通过访问接口模型中用户的数据来确定学生模型。自适应引擎是自适应学习系统中具有典型性的部分，整个系统就是通过自适应引擎来分析领域模型和学生模型中的问题，然后动态地反映学习者在学习过程中的信息。

三、基于自适应学习系统的个性化学习环境设计

构建个性化学习环境，最需要关注的是如何将学生置于中心地位，让学生根据自己的喜好和认知方式自主选择学习内容和学习策略，通过自我评估来发

---

① 方海光. 教育大数据：迈向共建、共享、开放、个性的未来教育 [M]. 北京：机械工业出版社，2016：42—46.

现和反思自己在学习过程中出现的问题，并根据问题来调整学习进度和学习方式。在个性化学习环境中，第一，学生要有强烈的自觉意识和自我反省意识，还要有较强的学习能力，能根据自己的学习情况来调整自己的学习策略，使自己在这个学习环境中充分利用网络资源来提高学习效率。第二，网络教育平台要具有强大的交互性和智能性，一方面可以使学生在自主学习过程中及时与教师和同学沟通交流，另一方面可以根据学生的需求提供个性化服务。基于自适应学习系统的个性化学习环境设计的原则，将自适应学习系统参考模型的核心部分通过技术支持转化成为学生提供个性化学习的系统。学生模型即代表学生，包括学生的学习行为、认知风格、学习水平、兴趣爱好等。领域模型代表与学科相关的领域知识，反映的是概念与概念之间的联系。自适应引擎即代表提供个性化服务的系统，能根据学生模型和领域模型动态呈现信息。系统会通过分析学生模型中学生的个性化信息，按照自适应引擎中的规定，在领域模型中找到相应的学习对象，借助一定的方式呈现给处于不同学习层次的学生，从而满足具有个体差异性的学生需求。根据这一原则，我们需要设计出一个学生、教师、系统相辅相成的个性化学习环境结构模型。

（一）课程资源

优秀的课程资源是学生进行有效学习活动的前提。教师上传到教育平台上的课程资源一定要经过精心制作和筛选，既要引起学生的兴趣，又要涵盖全面具体的知识点。教师将资源上传到教育平台之前，应该将资源设置成不同的难度等级，学生在学习过程中，系统会根据学生的表现动态提示学生是否要更改资源的难易程度，从而满足不同学习能力的学生。

学生在进行自主学习过程中通常会用到三类资源：第一类是课程知识讲解视频和课件。就像当下流行的微课，在简短的时间内将学生所要学习的内容组织起来形成一个完整的体系，以视频的形式呈现给学生。课件是视频的补充和说明，是以文字的形式将课程主要内容呈现给学生的。第二类是测试题和作业。这一部分的内容既是对学生学习结果的检测，也是系统分析学习过程的重要信息来源。只有通过检测，系统才能分析出学生对于学习内容的掌握情况，从而为学生推送具有个性化的学习内容。第三类是与课程相关的参考知识，如学科前沿研究、扩展学生思维的课外知识。通过这些知识的补充，学生可以更快更深入地掌握课程核心内容。

（二）学生学习过程记录

在开始学习前，学生要先明确自己的学习目标，只有目标明确才能更有针对性地进行学习活动。目标的制订既要符合教师的教学目标，又要基于学生自身的学习状况和学习兴趣。学生在学习过程中，系统要为学生提供实时的个性化学习导航支持，以解决学生在学习过程中遇到的问题，从而满足学生的个性化需求。如果有系统也无法解决的问题，学生可以通过与同学或教师的实时远程交流来解决。同时，系统会根据学生的学习行为来记录学生的在线学习时间、作业完成情况、测试成绩、参与互动学习的情况、学习工具的使用偏好等。

（三）数据统计和分析

在线学习时间的记录从学生登录系统开始，到退出系统终止。教师布置作业要限定在某一时间段内，过了截止日期将自动关闭提交系统。每部分知识学习完之后，系统会提供相应的自测题目，用于检测学生的学习效果，系统会记录下学生每道题的答题情况。互动学习情况就是记录学生在讨论区与其他学习者的互动情况，包括自己提出问题和回复他人问题。系统会根据学生使用学习工具的频率，分析出学生对于系统中学习工具的使用偏好。

（四）动态更新学习内容

学生在完成知识的学习后，首先会进行测试题的检测，这些测试题都有不同的难度等级。如果学生第一次就通过了测试，系统会自动弹出对话框，询问学生是否需要加大难度等级，学生可以根据自己的学习兴趣自主选择。如果学生选择是，系统会自动调出预设的难度更大的题目；如果学生选择否，则由学生自主选择接下来的学习内容。如果学生不能顺利完成测试，系统会弹出是否需要降低题目难度的对话框，由学生自主选择。总之，系统会给学生提供适合其水平的资源和题目，这样既加强了学生对知识的掌握，又不会打击学生的学习积极性。

系统会分析学生在线视频的观看时间和观看频率，如果某一个知识点的在线视频的平均观看时间超过了教师预先设定的标准，而且观看频率也很高，说明该知识点的难度偏大，教师需要补充相关知识点的在线资源，以适应不同学习水平的学生学习。如果某一知识点观看频率低，说明这一部分内容不能吸引学生的学习兴趣或者这部分知识不够重要，这时教师要及时与学生沟通找出问题所在，并调整相关学习资源。

（五）为学生提供个性化指导

教师根据系统记录的数据，对学生的学习情况进行分析和总结。对于学习时间较短和学习频率较低的学生，教师要及时提醒和监督。对于测试题错误率较高的知识点，教师要在课堂上重点讲解。对于学生在讨论区讨论的问题，教师要及时解答。对于作业没有及时完成、测试成绩不佳的学生，教师要主动帮助，及时了解学生的情况并进行个性化指导。

第四章 大数据技术下教育系统的变革与发展

第一节 大数据时代学生学习方式的变革

一、大学生学习方式现状

本节主要结合调查数据，从大学生对自身学习方式的认知现状、表现现状、适应现状、学习环境的现状、学习过程中情境感知以及体验现状、学习资源的相关现状、学习媒介的相关现状以及相应的问题与措施共八个维度进行具体分析。从调查数据来看，目前大学生学习方式发生了变化，但在变化过程中又存在着一些隐性的问题。

（一）认知现状：倾向并认可具身学习

本部分的调查旨在厘清大学生当下比较倾向的学习方式，以及该学习方式是否能满足其自身的学习需求。

1. 大学生主要倾向的学习方式为具身学习

具身学习具有主体性、情境性与体验性三大特征，由此衍生出定制式学习、移动性学习与混合式学习三种学习方式。而相对应的离身学习具有被动性、静态性与孤立性特征，包括掌握性学习、固定式学习与个体化学习三种方式。调查结果如图 4 - 1 所示，14.97％的大学生倾向于完全被动听老师讲解，5.1％的大学生倾向于课上独自死记硬背知识点，9.18％的大学生倾向于考前囫囵吞枣快速记忆，17.69％的大学生倾向于网络推送等方式持续关注感兴趣的内容，18.03％的大学生倾向于用手机、电脑等移动设备主动学习，35.03％的大学生倾向于线上与线下、跨学科相结合学习。显然，后三者属于具身学习，占比70.75％；前三者属于离身学习，占比29.25％，即大学生主要倾向的学习形式为具身学习。[①]

---

① 李敏. 大数据对高校教育管理的影响及其应对 [J]. 文教资料，2019 (03)：131－132.

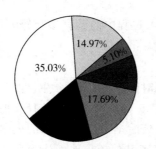

完全被动听老师讲解
课上独自死记硬背知识点
考前囫囵吞枣快速记忆
网络推送等方式持续关注感兴趣的内容
用手机、电脑等移动设备主动学习
线上与线下、跨学科相结合学习

图 4 - 1　大学生倾向的学习方式分布图

2. 具身学习这一学习形式基本被大学生认可

在被问及"学习形式是否能满足自身学习需求"这一问题时，3.06％的大学生认为具身学习完全不能满足对学习的需求，8.50％的大学生认为具身学习很难满足自身对学习的需求，37.41％的大学生认为具身学习对学习需求的满足程度一般，47.28％的大学生认为具身学习对自身的学习需求能基本满足，3.74％的大学生认为具身学习非常能满足自身对学习的需求。即大学生中有51.02％的人认可具身学习这种学习形式，有37.41％的大学生认为这种学习形式有待商榷，仅有一小部分学生对这种学习形式持坚决反对态度，说明学生对具身学习方式的认可度有很大的上升空间（见图 4 - 2）。

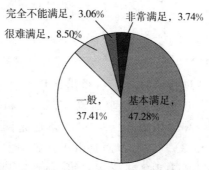

完全不能满足，3.06%　非常满足，3.74%
很难满足，8.50%
一般，37.41%
基本满足，47.28%

图 4 - 2　大学生对具身学习的态度判断图

关于大学生学习方式的认识现状，从调查结果可以得出，具身学习方式是目前大学生主要倾向的学习方式。当然，他们也没有完全摒弃传统的离身学习方式。从大学生对具身学习的态度判断可以看出，他们具有一定的甄别能力，同时，也从一个侧面说明具身学习方式存在一些问题，若有所改进，其在未来的上升空间还是很大的。

（二）表现现状：时空拓展、范围拓宽、互联网融合与多感官体验

学习表现是指学习者在学习过程中呈现出的个人行为倾向，且学习者的学习表现与其学习方式具有较高的内在一致性。在本研究中，学习者的学习表现

被分为学习时空、学习内容、学习途径与学习过程中的感官参与等方面的偏好，具体调查结果体现在如下几个方面：

1. 学习时空得以拓展

从图4-3中可以看出，选择传统教室上课时进行学习的大学生仅占53.06%，有64.97%的大学生选择寝室休息时进行学习，55.78%的大学生选择在图书馆自习时进行学习，50.68%的大学生选择在食堂吃饭时学习，43.88%的大学生选择在乘坐交通工具时学习，还有3.74%学生选择了其他项，他们认为自己可以想学习时就学习，不受时空限制。这充分说明了学习者的学习空间已经从教室扩展至生活空间，学习时间也从正式上课时段延续至非正式时段，学习变成了学习者一种自发行为。[①]

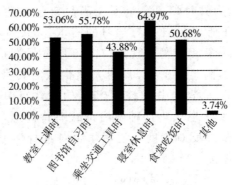

图4-3　大学生学习时空分布图

2. 学习内容范围广泛

对大学生学习内容进行调查分析后得出平均综合分数（见图4-4），大学生在进行学习时，首选内容是专业知识（4.71）和时事新闻（4.38），其次是生活常识（3.62）和娱乐消息（3.26），然后是网络小说（2.08）、体育资讯（1.26）及其他（0.43）。这一方面是由于互联网的日益发达，"坐着不出门，尽知天下事"早已成为现实，学习者可以通过网络便捷地接触到想学的各种知识。同时，由于APP的更新换代速度极快，通过智能手机、平板电脑等移动终端，学习者可以通过下载各种APP进行学习。另一方面是因为网络小说资源相对于较靠前的学习内容会有所欠缺，更新也不会太及时；而体育资讯对于女生而言，普遍不算是太感兴趣，所以导致这两项平均综合得分较低。

---

① 蔡静. 大数据时代大学生学习方式的实证研究 [D]. 武汉：华中师范大学，2018.

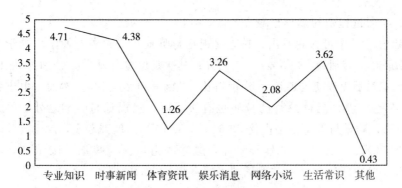

图 4-4　大学生学习内容平均综合得分图

3. 借助信息化互联网成为学习常态

在被问及"是否更倾向于利用信息化环境或者网络等辅助学习"这一问题时，43.54%的大学生选择经常会，35.03%的大学生选择有时会，19.73%的大学生选择偶尔会，完全不会的仅占 1.70%。由此可见，利用信息化或者网络辅助学习已经成为绝大多数大学生的必然选择（见图 4-5）。与之相对应的是学习途径，从图 4-6 中可以看出，大学生在进行学习时，最常用的学习途径首先是浏览网页（5.5），可见大多数同学是通过上网发现或者解决学习中遇到的问题；其次是传统的看书做笔记（4.7），说明传统的学习方式依旧在大学生群体中占有一席之地；最后是观看录像音频（3.87）、面授或交流（3.72），这两者不分伯仲，说明大学生在借助互联网资源的同时，乐意将信息共享，而不是封闭式地进行学习。

图 4-5　大学生借助互联网学习频率图

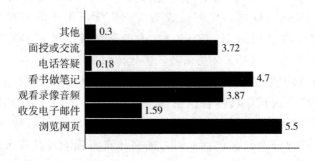

图 4-6　大学生学习途径平均综合得分图

4. 学习过程中的多感官融合

从图 4 - 7 中可直观看出，首先是视觉与听觉在三大类专业学生的学习过程中占比最高，分别为 98.98% 和 97.62%；其次是触觉与动觉，分别为 63.95% 和 55.78%；最后是嗅觉与味觉，分别占比 40.14% 和 26.19%。然而，由于各专业的迥异特色，其中具体感官的分布也有所不同。除视觉与听觉之外，单就人文专业而言，动觉与嗅觉分别占比 63.64%、52.27%；理工专业，触觉与嗅觉分别占比 70.54%、66.07%；艺体类专业，触觉占比 80%，嗅觉占比 56%，动觉占比 54%。综上所述，学习过程呈现多感官相结合的状态。

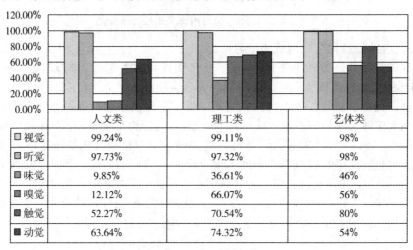

	人文类	理工类	艺体类
☐ 视觉	99.24%	99.11%	98%
☐ 听觉	97.73%	97.32%	98%
☐ 味觉	9.85%	36.61%	46%
☐ 嗅觉	12.12%	66.07%	56%
☐ 触觉	52.27%	70.54%	80%
☐ 动觉	63.64%	74.32%	54%

图 4 - 7　学习过程各种感官占比图

综上可以得出以下结论：第一，大学生的学习时空界限变得模糊，由于信息化技术的发展，学习成为随时随地可以进行的活动，这为具身学习提供了技术支持。第二，学习内容日趋多样化，关心时事成为学习本专业知识之外大学生人群的一大特色。陈寅恪曾指出，大学之大就在于其"独立之精神、自由之思想"，这与调查结果不谋而合，为具身思维的发展提供了有力载体。第三，借助互联网，学习已成为大学生学习生活的一部分，学习过程出现多感官日趋融合的状态，为具身学习的落地奠定了坚实的基础。

（三）适应现状：学习主体想法与现实行为相互矛盾

"适应"一词原引于心理学，其含义为主体对客体的一种反应以及主体和客体之间的相互磨合过程，具体包括主体与交互部分。学习适应则代表了学习者认识到学习条件的不足，通过调节自身去达到平衡状态的一种学习行为倾向。从主体维度，本部分的调查包括学习者的身体自由程度及其带来的影响、学习目标清晰程度；从交互维度，包括学习者在这类学习条件下的沟通交流倾向以及途径。

1. 对不尽如人意的身体自由度持理性态度

具身学习强调身体的感知是学习者习得知识的源泉。而身体自由度正是评判学习方式是否具身的一项重要指标。一般来说，学习空间的大小、学习途径是否借助肢体语言等会对学习者学习过程中身体的自由度产生影响。由于该名词对大学生群体而言不太好理解，所以调查通过创设某个具身学习情境让学生对比自己当下的课程学习，并回答"身体自由程度如何"这一问题，其中43.88%的大学生选择了一般，选择比较自由的占35.71%，选择不自由的占16.33%，还有3.4%的大学生认为十分自由。从调查结果来看，超过半数的大学生认为，在当下的课程学习中，身体的自由程度是不尽如人意的。结合之前的数据分析可知，虽然在形式上，大学生倾向于具身学习方式，但在实际学习的过程中，由于一些原因仍然没有从实质上改变自身的学习方式，导致身体自由程度改观不明显。对于学习过程中身体的不自由这一现状，几乎所有的大学生都认为，这会对自己的学习产生一定的影响。具体来说，大部分学生认为，这会影响他们的学习知识程度、学习兴趣、学习方式以及自主学习能力，具体结果如表4-1所示。

表4-1　身体自由度对学习的影响

项　　目	学习观念	学习兴趣	学习动机	学习方式	学习知识程度	自主学习能力
占　　比	23.47%	62.24%	36.73%	52.04%	64.29%	48.64%

2. 更愿意与人交流且主要借助网络手段

针对上述学习现状，在调查中发现，有50.68%的大学生选择更愿意经常主动与他人进行交流与讨论，34.01%的大学生选择有时主动与他人进行交流与讨论，而仅有1.7%的大学生几乎没有与人进行过沟通与交流。这说明，当前绝大部分的大学生在学习过程中更愿意主动与人沟通，并以此来平衡学习过程中身体自由度较低的现状。与此同时，在问及沟通途径的时候，85.71%的大学生选择通过 QQ、微信、短信与人交流，67.35%的大学生选择通过传统的面对面形式，还有57.48%的大学生选择小组、群共享的方式。如图4-8所示，借助互联网与人进行沟通与交流已成为学习者的首选方式，这充分说明互联网已经成为大学生学习的必需品。

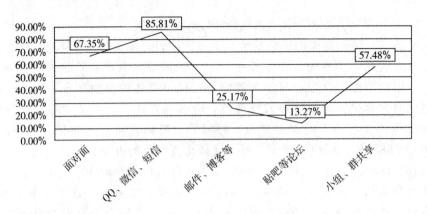

图 4 - 8　大学生交流方式图

3. 自愿的学习活动在实际操作中大打折扣

从图 4 - 9 可以得知，大学生群体学习的最主要目的是提高学习技能，为将来的职业做准备，还有就是自身兴趣。从整体上看，61.22％的大学生学习是为了提升自己，也就是奥苏伯尔所说的内驱力，在这种目标指导下的学习活动是最稳定的，不会因为外界因素的干扰而产生改变。剩下 38.78％的大学生是为了一些外部因素进行学习，如为了将来就业做准备，希望得到奖学金或者家长、教师的肯定等。这说明大部分学生进行学习是自愿、主动的活动，并不是被逼无奈之后的选择。然而，当问及具体的学习过程中小目标的设定时，仅有25.51％的大学生选择制订学习计划并执行，超过 3/4 的大学生要么知道要制订计划，可是在实际执行过程中往往因为一些因素没能坚持到最后，要么就直接根据课表抱着"做一天和尚撞一天钟"的态度学习，还有一小部分干脆没有制订计划的想法。

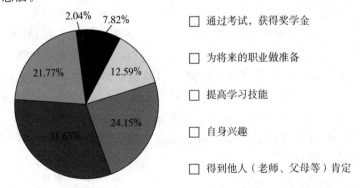

图 4 - 9　大学生学习目的

综上分析，大学生的适应状况没有达到预期，适应能力也还有很大的提升空间。主要有以下几点问题：首先，虽然大学生群体在形式上更倾向于具身学习方式，可是在实际学习中，由于种种原因导致他们没有从实质上形成具身学习的方式。他们虽然意识到这一问题的客观存在，可是没有做出什么实质性的改变，即没养成真正的具身学习习惯。其次，大学生学习的总体目标明确，但是具体到如何落实的时候，大部分人采取消极态度，没有在学习中进行有效的针对性训练。虽然在调查中存在着上述问题，但是大学生们也愿意主动与人交流沟通，并在大部分情况下借助互联网手段，这也说明了具身思维仍在不知不觉中对他们的学习行为起到一定的作用。

（四）学习环境现状：网络环境基本完善、心理环境适应平稳

学习环境包括外部环境与内部环境两部分。外部环境是指给具身学习提供技术支持的无线网络环境以及能开展具身学习的设备状况；内部环境则是指学习者通过具身学习收到了一定的学习成效，从而发自内心地使用具身学习方式。综合调查结果，大学生群体学习环境的现状具有如下特征：

1. 网络基本上已覆盖且数字化服务完善

具身学习具有体验性与情境性的特点，而这些仅通过上课或是听教师只讲知识点是无法做到的。所以，正是信息化与学习的高度融合才催生了具身学习方式。换言之，网络的稳定性及在此基础上大面积的覆盖才能保障具身学习有效开展。除此之外，学习者学习设备的持有和教室、自习室等学习区域的数字化服务是否完善也会影响具身学习方式的运用。统计发现，27.21％的大学生认为自己所处的环境网络已全覆盖，53.4％的大学生认为自己所处的环境网络已基本覆盖。近3/4的大学生承认自己手边拥有2台以上数字化设备（如智能手机、电脑等）供其自觉进行学习，并且他们也认为自己所处的学习环境（教室、自习室、图书馆等）数字化服务很完善。

2. 学习者接受具身学习方式

当然，除了外部网络覆盖、数字化服务和学习设备的持有这些支持条件，具身学习能否被学习者运用，还依赖于学习者内部的认知驱动。只有当学习者认为具身学习是有一定学习效果的，他才会自愿去使用这种学习方式。如表4-2所示，近3/4的大学生认为，在这样的环境中学习效果会更好，这也为具身学习的进一步普及创造了条件。

3. 具身学习被运用

在"这种环境能为自己创设情境，从而身体力行地学习"这一描述中，认为"完全符合"的占比11.9％，认为"比较符合"的占比56.8％。这说明具身学习不仅是大势所趋，而且已经被大部分学习者所运用。

表 4 - 2　现状调查表

学习环境	完全不符合	不太符合	不确定	比较符合	完全符合
所处的环境基本上网络已经覆盖	4.08%	10.2%	5.1%	53.4%	27.21%
手边拥有 2 台以上数字化设备（如智能手机、电脑等）供自己自觉学习	1.36%	5.44%	23.13%	45.58%	24.49%
所在的学习环境（教室、自习室、图书馆等）数字化服务很完善	0%	10.88%	15.65%	58.84%	14.63%
在这样的环境中学习效果会更好	1.36%	1.7%	22.45%	65.31%	9.18%
这种环境能创设情境从而身体力行地学习	0.68%	6.12%	24.29%	56.8%	11.9%

总之，具身学习得以被运用，需要满足以下条件：第一，技术支撑。从调查结果来看，网络已经基本覆盖，且相应的学习区域数字化服务较为完善，说明技术环节基本达到要求。第二，设备要求。从表 4 - 2 中可以看出，大部分大学生已经拥有满足条件的设备。第三，学习者的内在需要。表 4 - 2 中数据显示，近 3/4 的大学生认为具身学习效果更好，从侧面论证了学习者拥有具身学习的内在需求。

（五）情境及体验现状：学习过程注重情境感知并体验丰富

具身学习是大数据时代的产物，正是由于其独特的时代背景，使其兼具主体性、情境性与体验性三大特征。主体性表明学习者在学习中要有"自我"意识，而不是处于一种"被主体"的状态。情境性说明学习是一个动态的过程，而绝不是几个固定符号的堆砌。学习是活的，是具体情境的再现。体验性涵盖范围较广，包括交互体验、参与体验等。因此，本部分的调查旨在厘清当下大学生的学习过程有无情境感知及体验内容、这些感知与体验对学习者个人或者学习产生什么样的影响，并以此来佐证大学生学习方式从离身走向具身的现实。

1. 参与度高且注重情境感知

参与度是指学习者对于学习过程的投入程度，且一般认为其与学习效果成正比。如表 4 - 3 所示，68.02% 的大学生认为，自己能亲身参与学习并能对习得的知识留下深刻印象。同时，77.89% 的大学生认为，当前的学习过程能让他们置身于情境中，且这种方式有利于他们的学习。这充分说明在当前的学习过程中，学习者自身拥有较高的参与度，已经感知到情境的存在，并非常认同其对学习的积极作用。

2. 学习体验更丰富

学习体验是指学习者在学习过程中动作与感知的结合。首先是学习者的行为活动。在调查中发现，在"对感兴趣的问题会经常自己主动找材料学习"这一描述中，认为"完全符合"的占比 10.88%，认为"比较符合"的占比 54.08%。这表明了学习者的主体意识，基本上完成了从原来"要我学"到现在"我要学"的转变。基于这样的前提，学习者对于当下的学习体验给出了积极的认同，这也是其次所要说明的学习者的主观感受。在"认为自己现在的学习过程更加人性化"这一描述中，认为"完全符合"的占比 8.16%，认为"比较符合"的占比 56.46%。而对于"学习过程多了交流与互动，能缓解学习者的一些学习压力"这一观点，近 4/5 的大学生表示赞同（见表 4-3）。这一调查也与近"3/4 的大学生表示在学习过程中，会更愿意主动与他人进行交流与讨论"的结果一致。

表 4-3　大学生学习过程的情境感知及体验

情境感知及体验	完全不符合	不太符合	不确定	比较符合	完全符合
总能亲身参与学习，且对习得的知识能留下深刻印象	0.34%	6.46%	25.17%	60.2%	7.82%
当前的学习能令人置身于学习情境中，且有利于自我学习	0.34%	2.72%	19.05%	69.39%	8.5%
对感兴趣的问题会经常自己主动找材料学习	0%	7.14%	27.89%	54.08%	10.88%
认为自己现在的学习过程更加人性化	10.88%	8.16%	25.17%	56.46%	8.16%
学习过程多了交流与互动，能缓解一些学习压力	1.36%	3.06%	16.33%	70.41%	8.84%

（六）学习资源现状：数字化资源受青睐但仍需改进

学习资源作为研究学习方式的一项指标具有重要的参考价值。此次调查从学习者倾向的资源类型及其原因、对当前学习过程中倾向资源的评价以及原因、学习者自身对于学习资源的态度等方面展开了具体分析。

1. 便携性强、多感官结合、动态的数字化学习资源受大学生群体喜爱

根据学习资源的呈现形式，学习资源可分为纸质化资源与数字化资源。2000 年 6 月，美国教育技术首席总裁论坛年会首次提出了数字化学习的概念，指出数字化学习资源是进行数字化学习的保障。由传统学习资源演变而来的数字化学习资源其实质是一种有生命的载体，能为学习者提供各种学习支持服务。因此，可以将数字化资源的使用看作信息技术发展浪潮下新型学习方式变革的缩影。调查发现，57.82％的大学生在学习中倾向于数字化资源，可见当前大学生群体普遍偏爱新型的学习方式。但是，42.18％的大学生选择了纸质化学习资源，这与"综合得分 4.7 的学生选择看书做笔记"这一传统的学习方式调查结果相吻合。从倾向理由上来看，绝大多数大学生认为数字化资源便携性强，能满足他们随时随地想学就学的需求；大部分大学生认为，数字化资源能够调动他们的多感官混合体验，能让他们不知不觉地完成学习任务；还有相当一部分大学生认为，数字化资源呈现方式动态，能让他们在学习的过程中置身于具体情境，从而产生一种浸润体验，这与"77.89％的大学生认为，当前的学习过程能让他们置身于情境当中，且这种方式有利于他们的学习"调查结果相契合。另外，还有较少的一部分学生选择纸质化资源的原因是认为其方便回读、准确率更高并且具有高沉浸度，不至于分散注意力（见图 4 - 10）。

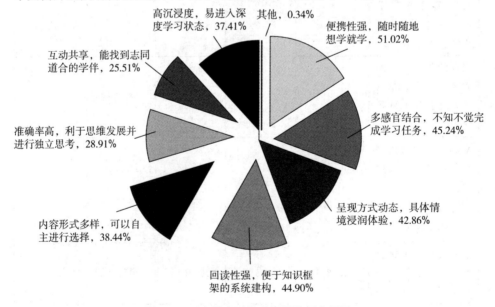

图 4 - 10　大学生对学习资源的倾向原因

2. 种类丰富、便携性强、更新及时的数字化资源获好评

在对倾向的学习资源质量进行评价时，2.04％的大学生选择了非常满意，43.88％的大学生选择了比较满意，即接近半数的大学生对现阶段的数字化资源持积极态度。而他们这样认为的主要原因首先是由于数字化资源种类较为丰富，能满足不同学习者的不同需求；其次仍然是便携性强，可以随时随地满足学习需求；最后是更新周期较短，能满足多感官混合体验。所以，种类丰富、便携性强、更新及时的数字化资源获得了大学生的一致好评。

3. 简短、有深度、安全性高的数字化资源稀缺

当然，由于大数据时代的到来使数字化资源获取更加便利，所以在目前的学习活动中，数字化资源的数量可以称得上是巨大的。由于其形式的多样性，不同的学习者能否真正从中受益并不能一概而论。调查发现，49.32％的大学生认为，当前学习过程中的数字化资源质量一般，还有4.76％的大学生对当前学习过程中的数字化资源质量不太满意。其中，最主要的原因是他们认为，当前部分数字化资源篇幅长，导致他们没耐性看完。其次是因为他们认为，虽然数字化资源的种类极多，但是深度不够，导致学习活动偏向快餐化。他们无法集中注意力，很多数字化资源只是课本教材的简单复制粘贴，内容没有专业人士把关，质量无法保证。最后是有39.12％的大学生认为，一些数字化资源涉及个人隐私，导致信息易泄露。因此，简短、有深度、安全性高的数字化资源就目前为止是比较稀缺的。

4. 学习资源被基本利用，但自觉性不高

当被问及对自己感兴趣的学习资源态度时，仅有12.59％的大学生会选择看完就不再关注，大部分学习者表示会有所标记或者跟进。具体而言，其中15.99％的大学生选择转发并分享至信息平台，34.01％的大学生选择分类标记，方便后续跟进，37.41％的大学生选择摘抄部分有价值信息。这充分说明，绝大部分大学生能将自己感兴趣的学习资源基本利用起来。而当被问及是否会持续关注并自觉学习这些资源时，仅有27.89％的大学生选择"经常会"，剩下近3/4的大学生积极性都不算太高，这与"45.24％的大学生选择在学习开始前制订学习计划，但经常由于一些原因无法严格执行"的结果相吻合。从侧面证明了大学生群体在对于学习这一活动的态度上，虽然明确其目的与意义，但是在实践操作的过程中仍然有差距。因此，所得结论如下：首先，从资源的种类来看，当前学习者较为倾向于数字化资源，主要是因其具有便携性、多感官体验性和动态性。但是，传统纸质化学习资源因其回读性强、准确率高、具有高沉浸度，在当前的学习中依然占有一席之地。其次，从资源的特质来看，数字化学习资源大体上能满足学习者的学习需求，但存在着质量低下、泄露隐私、深度不足、篇幅冗长等弊端，希望资源的开发方面能考虑这些因素并有所改善。最后，从

资源的利用来看，绝大部分大学生群体都能对自己感兴趣的学习资源用分享、标记或是摘抄等形式加以利用。但是，由于学习者自身积极性不同，可能会导致利用效果有所出入。

（七）学习媒介现状：网络移动媒介成"新宠"，而问题不容忽视

"媒介"在现代汉语词典中的解释是主客体双方产生关联的事物，可以理解为"工具"或是"手段"。学习媒介即学习者习得知识的工具，因此学习媒介是学习者开展学习活动不可或缺的一个重要组成部分。对学习媒介的选择与态度直接影响着学习者学习方式的使用。本书主要从学习媒介的选择类型、使用频率、是否满足学习需求及其原因几个部分来对学习媒介相关现状进行了具体分析。

1. 数字化移动学习媒介受青睐

调查显示，近3/4的大学生承认，自己拥有2台以上数字化设备（如智能手机、电脑等），说明学习者对于数字化设备的依赖程度之高，无论是学习还是生活，移动媒介正对每个学习者的思维与行为产生着潜移默化的影响。而本部分的调查又进一步发现，在大学生群体常用的学习媒介中，除了书本属于传统的纸质媒介，智能手机、笔记本电脑、电子词典、Kindle、平板电脑和学习机这些数字化移动学习媒介都以较高的使用频率占据着学习的过程。因此，单从种类的数量上看，不难得出"数字化移动学习媒介更受学习者青睐"这一结论。

2. 智能手机、笔记本电脑、书本成为最常用的学习媒介

在对学习者使用学习媒介的频率进行排序后，其平均综合得分值结果如图4-11所示，智能手机得分6.78，排在第一位；笔记本电脑得分6.37，排在第二位；书本得分6.06，排在第三位，其他学习媒介的排名依次是电子词典、Kindle、平板电脑和学习机，这说明运用移动媒介进行学习已成为大学生群体学习的常态。

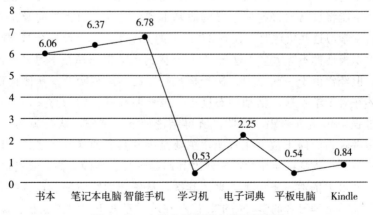

图4-11　大学生学习媒介使用频率图

3. 学习者对数字化移动媒介持积极态度

在调查中，近70％的大学生认为，自己所倾向的学习媒介能较好地满足自身的学习需求。主要原因有以下几点：第一，数字化移动媒介便携性强，可以让学习变成随时随地的活动，减少了"巧妇难为无米之炊"的无力感；第二，数字化移动媒介的使用，让学习信息更新换代更加及时，有利于学生群体紧跟时代发展，获取最新资讯；第三，数字化移动媒介上的学习内容更加鲜活，能让学习者产生多感官交互的体验，这是传统纸质媒介所无法带来的感受。这说明，数字化移动媒介具有相当广的大学生群众基础，并且学习者对数字化移动媒介持积极态度。

4. 分散注意力、独立思考时间减少以及质量良莠不齐等问题初见端倪

在对学习媒介进行评价时，仍有近30％的大学生对其持保留态度。究其原因，首先是他们认为数字化移动媒介的使用，如智能手机、平板电脑等会分散他们的学习注意力，从而导致学习效率低下；其次是太过于便捷，让自己思考的时间急剧减少，大脑退化，学习能力下降；最后是由于智能手机、笔记本电脑成为上大学的标配，加之各种移动电子产品越来越普及，一些大学生不知该做何选择，从而耗时耗力。综上所述，可以发现在学习媒介的现状方面，从类型上看，数字化移动学习媒介占绝对优势，这说明大学生群体具备了开展具身学习的硬件条件。从态度上看，绝大部分大学生对数字化移动媒介持积极态度，认为其有较强的便携性，同时让学习资源更新换代更快，当然还能产生多感官交互的体验，这也正是具身学习的表现，从侧面说明学习者已从心底接纳这一学习方式，从而具备了相应的"软件条件"。不得不说的是，大学生群体中仍然有一小部分对其抱有思辨的态度，认为使用数字化移动设备学习，会出现分散注意力、独立思考时间减少以及质量良莠不齐等问题，希望能带给大学生们以警示。

（八）满意度与问题现状：满意度不高，更向往具身学习

本部分旨在通过之前的问题回答，能让学习者对自身学习方式存在的相关问题有一个客观的理性态度，并针对问题给出一些具有操作性的改进措施。同时，在此基础上进一步明确自己理想中的学习方式，并激励自己缩小理想与现实之间的差距。

1. 学习方式满意度不高且问题需重视

经调查，近40％的大学生对自己目前的学习方式并不满意。而在被问及"目前的学习方式存在的相关问题"时，51.7％的大学生认为，学习空间相对缺乏，学习氛围不浓；50.34％的大学生认为，自身目前的学习目标是既定的，仍然绕不开标准化考试；45.92％的大学生认为，课堂学习缺乏交互性；44.9％的大学生认为，学习过程重知识符号学习，轻实践活动；42.19％的大学生认为，

自身学习过程中缺乏相应的指导，所以不太适应；37.07％的大学生认为，目前的学习过程是线性的，师生之间依然是单向的知识讲授与接收；还有36.73％的大学生认为，技术支持不够完善，学习资源冗杂、辨识度低。上述问题正同离身学习的被动性、静态性与孤立性特征相对应，从侧面充分说明，离身学习依旧存在于当前的大学生中。

2. 个人、国家、学校形成合力成为解决问题的关键

针对上述问题的解决措施，可将其分成个人、国家与学校三个维度。从个人维度上来看，首先需要学习者主动发现并聚焦问题，收集有效信息；其次在学习过程中要做到理论与实践相结合，强化自身对数据的运用；最后就是要培养自身的数据敏感度，提高辨别能力。从国家的维度而言，首先要设立专门统一的数据资源管理机构，加强对数据的管理；其次要出台相关法律法规，规范数据市场，加大打击力度；最后要加强数据安全知识相关舆论宣传。从学校维度来说，首先是要优化图书馆及智慧教室等数字化学习空间；其次是教师要针对学生能力加强个性化引导；最后是要组织相关竞赛、讲座等活动，鼓励学生参加，普及相关知识。

3. 具身学习方式是学习者的理想学习方式

关于大学生理想的学习方式，从图4-12可以明显地看出，32.65％的大学生选择了创设情境身体力行感知学习，28.91％的大学生选择了数字化多感官混合体验式学习，28.57％的大学生选择了主动探究质疑的方式学习。也就是说，近90％的大学生选择了具身学习方式，这一调查结果与认知现状中"近70％的大学生倾向具身学习方式"相吻合。

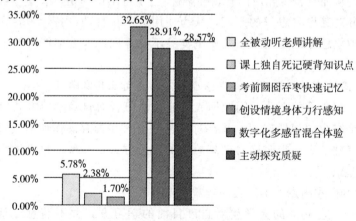

图4-12 大学生理想的学习方式

综上所述，从整个问卷的数据分析来看，虽然大学生群体倾向于具身学习方式，具身学习也确实给学习者的学习带来了一些形式上的改善，但由于数据自身的弊端、学习者的自觉性低及课堂上师生交互少等原因，使具身学习方式

并没有从实质上改变学习者生活，离身学习仍然占据一席实地。针对这一问题，无论是学习者或是教育者都要进行反思。

二、大数据时代大学生学习方式的问题与归因分析

本书经过此前对八个维度现状分析的概括，总结与归纳出大数据时代大学生学习方式的主要表征。与此同时，结合大学生群体对开放性问题的回答，分析出大数据时代大学生学习方式存在的相关问题，并在此基础上，厘清产生这些问题的原因，为当代大学生更有效地参与学习活动奠定基础。

（一）大数据时代大学生学习方式的特征呈现

从对大学生学习方式调查的数据中可以发现，大学生群体的学习方式呈现出比较鲜明的特色，而这些特征主要表现在学习工具、学习过程、学习体验与学习时空四个方面。

1. 学习工具

学习工具广义上是一个泛指概念，主要是学习者在学习过程中使用的能完成学习任务的事物总称。因此，综合先前已有的分析，无论是学习途径、交流方式、学习环境的现状，还是学习资源、学习媒介的使用现状，其实都是学习工具的体现。离身学习是知识符号被印刷到课本教材上，再由教师将其呈现于学习者的被动学习过程。学习者充当的角色主要是学习教师所要呈现的知识，其中学习工具是没有感情的各种符号以及"灌输"，这被称为"learnfromteacher"。具身学习则是学习者对于学习工具的主动操控，这里的学习工具能支撑学习者思考。因此，它的作用不再仅被局限于传递，更为重要的是学习者自发运用和控制并与学习工具成了一种学伴关系。换言之，这是一种生态非物化的人机关系，学习者能够有效利用学习工具解决自身问题，满足学习需求。在具身学习中，学习工具扮演的角色就是支持学习者"learnwithIT"，帮助学习者查询、沟通并处理信息。表4-4即是综合问卷调查结果对以上论述给出的较为清晰的解释。

表 4-4　学习工具在各学习形式中的对比

工具角色 学习方式	离身学习		具身学习	
	内容	表现	内容	表现
信息呈现	纸质化资源、知识点既定、被动听取	班级授课	数字化资源、自发获取相关信息、对比总结	百度、谷歌、维基百科等搜索引擎辅助学习

续　表

工具角色 学习方式	离身学习		具身学习	
交流	很少，一般是课堂上必要的小组讨论	自顾自地学习	合作学习，更愿意与学伴分享或者交流	微信、QQ、移动电话或者电子邮件等同步或者异步移动设备
媒介	记笔记	书本	搜索浏览网页，思维导图辅助	智能手机、笔记本电脑、平板、Kindle 等移动数字化设备

2. 学习过程：多感官情境感知

在具身学习的过程中，情境的创设称得上是有力的抓手之一，因为情境在其中扮演着生长点的角色，与学习过程中问题的设计紧密相关。也就是说，在经历了传统课堂对生命活动的抽象与隔离之后，借助于大数据的兴起，创设真实的契合度高的情境成为现实。通过学习者与情境的交互，便能实现大数据时代下的"做中学"。当然，这其中除了视觉与听觉这样的基本感官，还需要融入嗅觉、味觉、动觉等其他感官形成的情境感知。与此同时，从学习过程的情境感知及体验现状的问卷调查结果中能进一步得知，在大数据时代，近80％的大学生认为，当前的学习过程能让他们置身于情境当中，且这种方式有利于他们的学习。

3. 学习体验：涉身"流"式感受

"流"又被称为"心流"，来自心理学界，由美国心理学家米哈里·奇克森特米哈伊提出，表示个体投入到所进行活动中的整体感受。当学习者处于心流体验时，由于对学习活动的投入，便会产生时光的转瞬即逝和对整个学习过程了然于胸的掌控感。这与在大学生学习方式的调查问卷中，对于"自己经常能在不知不觉中完成学习任务，觉得学习比原来有趣"这一描述，近55％的大学生认为是符合当前现状的调查结果的契合度很高。之所以会产生这种体验，是因为具身学习不仅强调学习者主体思维与环境的交互，更为重要的是学习者的身体和环境的交互。换言之，也就是学习具有涉身性，即学习者的身体参与度较高。近70％的大学生认为，自己总能亲身参与学习并对习得的知识能留下深刻印象。因此，可以说学习的涉身性得到了充分的印证。综上，涉身"流"的学习体验是一种让学习活动扩展至学习者生活的三维立体空间，以更加适应学习者习惯的交互，从而使学习者浸润于具体的学习情境中，而逐渐进入状态的全新学习体验。

4. 学习时空：泛在交互

"泛在"的含义是无处不在，也是大数据时代兴起的对学习一种更为泛化的认识，即生活＝学习。因为生活如同大杂烩，所以学习必然包罗万象；因为生活无边无际，所以学习随时随地。具身学习就是在数据网络支持下的一种泛在性与广延性的学习。其中，学习者可以结合自己的多感官来感知具体场景，并有效使用手边的数字化媒介，主动获取有用信息和资源完成学习活动。此外，由于互联网等信息技术的广泛渗透，学习者纷纷开始建构各种虚拟的学习共同体进行沟通与交流。

调查数据显示，由于数字化学习工具的发展与介入，产生了线上与线下相结合或跨学科的混合学习（35.03％）、使用手机或电脑等数字化设备的移动学习（18.03％）以及网络推送等方式持续关注的定制学习（17.69％）三种新型学习形式。与此同时，相比较传统的班级授课制——固定时空进行学习活动，更多的大学生选择了寝室休息、自习室自习、食堂吃饭或者乘坐交通工具等时空进行学习活动。在此基础上，近85％的大学生认为，他们在学习中更倾向于交流而不是各学各的，这说明学习已然"泛在"化，并且在"泛在"中充斥着交互。

（二）大数据时代大学生学习方式存在的问题

大数据在给大学生学习方式带来机遇的同时，也对大学生群体的学习方式产生一定的消极影响。借助问卷调查结果的分析以及部分大学生给出的开放性问题回答，可以总结出大数据时代下大学生学习方式的问题主要集中在学习过程、学习行为、教师引导以及学习环境四个方面。

1. 低效的资源利用

大数据让数据资源的更新换代更为频繁。一方面，保障了资源的时效性，有利于学习者紧跟时代的发展；另一方面，新信息的涌现速度远远超过了学习者的学习速度，从而让学习者失去了对信息的掌控，产生一种不安全感。据调查，近60％的大学生认为，如果每天不及时上网浏览最新信息，会产生被淘汰的感觉。具身学习是学习者运用信息资源而产生有效学习的一种方式，而现在可以说，学习者已经被这些无穷无尽的信息所主宰，学习低效感油然而生，这种低效感主要体现在对学习资源的运用和对学习媒介的使用中。在对当前数字化学习资源质量做出判断时，43.54％的大学生选择了数字化资源导致学习时间零碎化，注意力无法集中；在对当前学习媒介的使用进行判断时，高达51.7％的大学生选择了分散注意力，导致学习效率低下。在调查中，有的被调查者这样说："数据更新太快，学习时忍不住想去刷刷微博，等拿出手机，突然看见前几天刚下载的听歌APP，又想去试试看，不知不觉过了近一个小时。心里想着好浪费时间，下次再也不这样了，不过还是无法控制。"

类似的情况多次出现，一些大学生表示自己用平板、手机等移动设备进行学习的时候，总会忍不住分神，学习效率很低。自身也清晰地认识到问题所在，可就是无法从中脱身，反反复复，浪费了自己的学习时间。综上，大学生群体已然对具身学习在形式上产生了一定的依赖性，这样的情况又造成了大学生群体的困扰，从而形成表里不一的学习过程。如果没有及时更新自己的资讯库，会让自身萌发一种焦虑感。而一旦过多地介入又会被这些信息所牵制，从而影响学习活动。不可否认，大数据对具身学习的发展提供了一定的技术支持。但是，这样的技术带来了学习效率低下的后果，令大学生感到矛盾与焦虑，这样的现状不得不引起研究者的反思。

2. 停留表层的学习

大数据为学习者获取想要的资源提供了便捷。随着技术的不断完善，学习者不用记忆，大数据就会帮助归类，根据其搜索的关键词推送关联度很高的学习内容。这种便捷往往成为学习进入深度状态的"绊脚石"。无论是在思维还是能力方面，学习者都容易停留在学习表层，久而久之就会形成浅尝辄止的学习习惯。学习是经由表层学习至深层学习的一个综合发展过程，其中，最原始的表层学习主要包括简单记忆与理解，而深层学习主要是对知识的综合、分析和运用。从调查结果来看，在对学习资源进行评价时，48.98％的大学生认为，部分资源篇幅较长，导致他们没耐性看完；46.26％的大学生认为，资源的种类虽多但往往缺乏深度，致使学习快餐化严重。在被问及对数字化媒介的使用体验时，高达48.3％的大学生认为，这些数字化媒介的介入让自身独立思考时间减少，学习能力退化。还有被调查者这样回答："自从有了手机跟电脑，觉得可以不用大脑了，只要知道如何搜索信息就好，记几个关键的词，有些专业术语多且难的段落就直接跳过。"

这些数据与学生的回答有力地证明了无论是从思维还是能力上，可以说目前大部分学习者在学习中都存有心浮气躁的态度，只能对知识进行简单的识记，还不能算达到理解状态，更谈不上运用。

反观现今的部分网络资源，不难发现，其受欢迎程度与其快餐化、视觉化等特点成正比。学习者的目的旨在快速输入，至于思维过程已然被过滤。所以，学习者很难体会文字背后的深意，学习的过程逐渐变成简单的识记—接受—填空三者的结合。在调查中，仅有40％的大学生认为，自己对学习内容经常存质疑态度。大部分学习者的思维随着文字逻辑的缺失而变得迟钝，长此以往学习能力也会逐渐退化。

3. 欠缺的教师引导

教师是学习的助推器，相对于离身学习中教师对课堂的主宰而言，具身学习体现的是学习者的主体性，这就对教师提出了新的要求。一方面，需要教师能跟上信息化时代的步伐，改革自身的教育教学方式，熟练运用信息化工具来促进教学。另一方面，教师应化身学生学习的学伴，将学习的主动权归还给学生。根据调查结果，在学习者实际学习活动中，教师的指导现状不尽如人意。数据显示，近65％的大学生对"老师会通过举例、提供情境、设计活动等辅助方式让学生学习"这一描述给出了消极的回答。与此同时，当被问及"老师是否会经常根据学生的学习能力推荐或提供学习资源"时，仅有8.16％的大学生选择了"经常会"。不难看出，首先，教师的教学方式比较死板，可能还停留在线性的知识点讲授上，不太会通过一些情境或者活动等方式来辅助学习者进行学习活动。其次，教师离真正的因材施教还有相当一段距离，对学习者的学习协助较为缺乏。正如被调查者所言："虽然现在交流越来越便利，但与老师的交流次数依旧没有什么变化，很想同他进行讨论，可是每次一下课老师就匆忙地走了。有一些任课老师留的邮箱感觉形同虚设，除了交作业，一般发邮件很少有回复，所以觉得学起来有点吃力。"

这不是个案，而是普遍存在的状况，因为问卷中此类的回答还有很多。大数据的确给我们带来了大量的数据资源，节约了查找资料的时间，并且更新迅速，对于时政新闻这样一类具有时效性的资源更是具有一定的保真度，但与此同时，会出现一些良莠不齐的资源，学习者容易迷失已确定的方向。教师指导的缺乏会让学习者很容易陷入以偏概全、先入为主的错误观念中无法自拔，从而产生习得性无助感。由此可见，教师指导的缺乏会使原本应该给学习者带来积极影响的具身学习造成学习无力感。

4. 不利的学习环境

环境是保障具身学习得以顺利开展的关键外因。然而在实际调查中，学习环境呈现出不利学习者学习的状态。当然，需要说明的是，本书所指的学习环境包含两方面：一是宏观数据环境，二是微观校园环境。

从宏观上来看，39.12％的大学生认为数字化资源涉及个人隐私，导致信息易泄露，如许多学生反映经常会收到各种骚扰电话或是短信，信息安全问题存在较大隐患。另外，36.73％的大学生认为由于大数据是新兴事物，所以到目前为止技术支持不够完善，导致学习资源冗杂、辨识度低。正如被调查者所说："网上资源太多，感觉很杂乱。质量无法保证不说，还经常出现一些劣质、骗人的消息，很容易让人误入歧途。"

从微观上来看，在调查中，有51.7％的大学生认为当前校园学习空间相对缺乏，学习氛围不浓。有被调查者这样说："自习室几乎是考研人的天下，图书馆一到考试复习周就会人满为患。在寝室不能安心复习，没有地方可以让我们好好学习。"

还有一部分被调查者这样回答："学校的校园网真是信号弱爆了，还经常掉线，我想下载学习资料也很困难，久而久之就不想学习了。"

由此可见，学习空间的相对缺乏与校园网的不稳定成为微观校园学习环境中备受大学生群体关注的问题。

（三）大数据时代大学生学习方式存在问题的归因分析

随着大数据与教育融合的进一步加深，学习过程中学习者对学习资源的低效利用、大多数学习者停留在表层的学习行为、教师对学习者指导的不足以及学习环境的数字化服务无法跟上等问题悄然显现。只有探究出问题背后的原因，才能从根源上各个击破，使大数据最终为学习者的学习保驾护航。本书希望以更直观的方式呈现大数据时代下大学生学习方式出现上述问题的原因（见图 4 - 13），其中，学习者自身是"病原体"，大数据环境是"导火索"，教师则是"催化剂"。

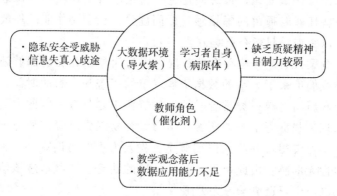

图 4 - 13　大学生学习方式存在问题的原因

1. 学习者自身：缺乏质疑精神、自制力弱

以哲学的视角来看，内因在事物变化发展过程中起决定因素，外因通过内因起作用，而学习者即为内因。换言之，学习者自身就是问题产生的"病原体"，其思维方式、行为特征等成为影响问题的核心因素。

首先，缺乏质疑精神。从调查数据得知，近 60% 的大学生对"常常对某些学习内容持质疑的态度"这一描述给出了否定回答。在对当前的数字化资源进行评价时，有 48.98% 的大学生选择了"部分资源篇幅长，没耐性看完"。毋庸置疑，我们当前处在信息化带来的快节奏生活状态中，各种学习资源以"快、准、鲜"吸引学习者眼球。当学习者习惯了这些言简意赅的数字化学习资源以后，那些篇幅太长、内容晦涩的资源自然不会成为学习者的首选。渐渐地，学习者形成了一种"依赖"心理，不愿意去质疑和思考，通过简单的鼠标点击便可以从百度、谷歌等搜索引擎得到答案。相较于以往边读书边做笔记的方式节省了太多的书写与思考时间，久而久之形成了"只知其一，不知其二"思维模式。质疑精神的缺乏导致他们思维活跃度退化，于是"不愿知其所以然"成为大数据背景下大学生们的学习常态。

其次，自制力较弱。这主要体现在学习目标执行力低下和作息时间混乱等方面。当被问及"在学习开始前会如何做"这一问题时，有 2/3 的大学生选择了"制订学习计划，但经常由于一些原因无法严格执行"。同时，约 1/4 的大学生并无制订计划的想法，还有一部分大学生抱着"做一天和尚撞一天钟"的心态进行学习活动。之所以这样，归根结底是因为大学的生活与学习不同于高中。上大学之前，学习由教师督促，生活由家长照看，上大学之后，尤其是大一的新生，生活上第一次完全离开父母的看护，进入"放飞自我"的空间，学习上也从"他控"变成了"自控"。心理学研究表明，强烈压抑后的释放，其力量是惊人的，而带来的往往是内心的空虚。在经历了高考的压抑之后，进入环境相对自由的大学，学生往往会通过玩来释放自己，如 K 歌、通宵打游戏等。一方面导致他们作息时间出现混乱，危害身体健康；另一方面让一些学生逐渐迷失自己，外表上玩得越厉害，其实内心越空虚，不知道自己该何去何从。加之一些学习者自制力不强，产生了能意识到问题所在、却无法改正缺点的现状。正如有的被调查者所说："许多同学一般手机不离身，过几分钟不上网就浑身难受。这样容易导致学习效率降低，学习的知识也比较肤浅，可是又没办法控制自己，有时候除了上网真不知道自己该干什么。"

2. 大数据环境：信息安全弱、内容失真严重

自大数据诞生以来，其受关注程度一直居高不下。时至今日，其影响早已渗透生活的方方面面。虽然信息技术的发达值得欢欣鼓舞，但其自身存在的一些风险也成为不利于学习者的因素。

第一，隐私安全受威胁。如今，人们身处信息汪洋之中，与其说是在体验数据带来的便利，不如说是消费自身的隐私安全。大数据以"大"闻名，这其中必然包含学习者的隐私信息。从 APP 的注册到网上考试报名再到预约就诊等，手机电话、住址、邮箱等个人隐私信息早已不可避免地被悄然收集。一些不法之人以此为跟踪目标或者将其变卖坐收渔利，于是勒索钱财、骚扰电话等事件屡见不鲜。令人更为忧虑的是，学习者们似乎缺乏信息保护意识。从调查数据可知，近 70% 的大学生在浏览网页搜索资料时并没有或者没有足够的自我信息保护意识。这样，只会加剧隐私泄露事件的进一步发生，出现更为严重的信息安全问题。虽然大数据自身的安全隐患短期内非人力所能解决，但对学习者自身而言应该敲响警钟。

第二，信息失真入歧途。随着学习数据的进一步增加，会带来学习结果的不准确性，这是一些错误数据输入所造成的不可避免的后果，海量数据集和混杂数据源的融合会导致信息失真加剧。换言之，大数据在给学习者带来大量信

息的同时，也无法回避地融入了一些虚假消息。这些消息容易使学习者误入歧途，被数据所左右而将复杂的学习活动等同于简单的数据堆砌。学习者并非从学习活动本身出发来找寻相应的数据，而是本末倒置地通过数据来观测学习。殊不知，一部分数据自身就是虚假的，学习活动自然便失去了其原有的意义。在大数据时代，思维活动弥足珍贵，因为它无法透过冰冷的数字而得到。对数据的盲目推崇，最终只会弱化甚至消除思维对学习者学习的影响。归根结底，如何监测数据的真实性、怎样才能挖掘出有效的信息为学习者所用，是大数据时代研究者所面临的迫在眉睫的问题之一。

3. 教师角色：观念落后、数据运用能力不足

教师是学习者学习活动的助推器。在制度化的学校教育中，作为教书育人的教师，其特有的思维能力与教学方式给予了其影响学习者学习的权力。而如今，随着信息化与教育融合的进一步加强，教师却没有做好充分的迎接准备，于是在学习过程中出现了教师指导不足的问题，具体表现为以下两个方面：

一是教学观念的落后。学习过程即教师单向传输知识符号的过程，学习者成为无生命的知识的被动储蓄者，如同工厂的生产流水线。这种千篇一律、一成不变的教学模式深入部分教师的思维中，所以他们并不急于教学革新，更不明白只有充分尊重学生的个性，才能让一潭死水般的课堂焕发生机与活力。这其中，特别是一些教龄稍长的教师，可能对课堂改革抱有消极态度，不太愿意去改变自己长期以来的教学观念和教学方式。正如被调查者在调查中所说："感觉大学老师上课跟高中一样，讲完就下课。期末就直接画重点，好好背一下都能及格，学不到东西，跟老师的交流极度缺乏。"

这说明线性的教学模式仍被一部分教师所接受。然而，身处当今数据浪潮之中的每个人都不可避免地受其影响，教师只有不断地充实自身，从"权威者"变成"学习者"，才能真正担起教书育人的重大责任，最终建构网络化、数字化、个性化、终身化的教育体系。

二是数据应用能力不足。时代在发展，数据也在不断革新，大学生群体作为最快接受新鲜事物的受众群体之一，可以称得上是数据时代的"原住民"。通过调查得知，他们对数据技术的利用和数据意识的觉醒能力都非常强，因为他们不用通过正规学习就会使用。相比较而言，教师的数据应用能力就显得较弱。一些教师不太愿意主动去提升自己，所以逐渐丧失了与学生对话的优势，因此，无法有效利用多媒体教学设备进行教学，欠缺利用数字化资源创设情境、设计活动辅助学习者学习等问题接连出现。而只有当教师能够让学习者意识到所学知识与其存在着某种关联时，学习才会产生价值。换言之，这就给了教师一个明确的信号，需要其在教学中通过各种方式人为地为学习者建立起知识与自身的联系，以辅助其学习。很显然，教师数据应用能力的不足会阻碍这一目标的

实现。

三、大数据时代大学生学习方式的优化路径

为使大数据能真正造福学习者，改善其学习方式存在的诸多问题，本书旨在针对大数据时代大学生学习方式的问题与归因，提出相应的优化路径。就归因源头而言，从学习者自身入手，提升学习者的数据素养；就宏观环境方面而言，净化当前冗杂的数据环境，创设绿色的数据环境；就教师角色而言，整改部分教师队伍，着力养成教师的数据思维；就微观环境而言，加快对校园数字化的改进，建构智慧校园。通过各方形成合力，协同规划大数据时代大学生学习方式的优化路径（见图4-14）。

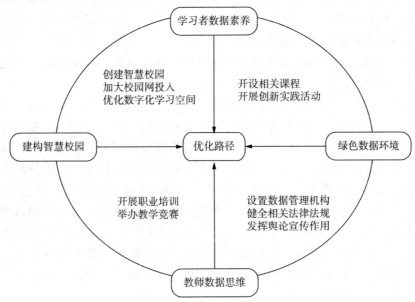

图4-14　大学生学习方式的优化路径

（一）提升学习者数据素养

如今，我们身处"除了上帝，任何人都要借助于数据来说话"的年代。数据对于学习者而言，是其学习持续改进的动力之源。所谓数据素养，是指在海量数据中能敏锐地定位数据，进而对其进行分析和解读，并在此基础上有效运用，从而实现超越数据自身诠释数据的意义。在大数据时代，学习者数据素养的提升与其学习力的提升具有高度的相关性，而学习力又是影响学习者学习方式变革的重要因素之一。由此，学习者数据素养的提升对其学习方式的变革有间接的意义。然而有数据显示，高达近80%的学习者其数据素养现状堪忧。若想改变这种现状，应从以下两个方面入手：

首先，开设数据素养教育相关课程，明确素养的重要性。只有先向学习者

普及数据素养含义，并告知其重要性，学习者才会引起重视，在学习过程中才能有意识地去提升相关能力，不至于出现被动盲目地利用数据或者在学习过程中出现目标不明确的现象。具体可采取以下方法：第一，在制订教学目标时，要以数据素养的内容为导向，结合学习者的专业设置和实际情况。这样，课程才不会流于形式，学习者也能够真正学有所用，加深对信息素养的理解。第二，在教授此类课程的过程中，教师可以有目的地针对学生的弱项进行训练。例如，对数据定位能力较弱的学习者，教师可以考虑反复给其不同的学习材料加以引导；也可以安排适当的自主课堂，让学习者发现自身收集、分析或应用数据方面的不足，进而想办法改善并将经验与学伴分享；又可以规定相类似的主题，让学习者通过查找相关资料进行汇报展示，并给予点评，让学习者意识到自身的不足与优势。第三，在课程结课时，教师可以通过让学习者自己总结该课程思维导图并展示的形式，完成对学习成果的评价。总之，开设课程并非是为了"知识和认识符号的堆砌"，让学习者形成数据聚焦意识、培养数据应用能力才是最终的关键所在。

其次，开展丰富多彩的创新性实践活动，培养数据能力。课外活动作为教育教学的一大补充形式，其地位是无法撼动的。随着"双创"之风席卷各大高等院校，学校在通过常规的课程对学习者进行教育的同时，也逐渐开始鼓励学习者参与各种创新性活动，并以此提升学习者的综合实践能力。创新性活动一般是学习者自己组建团队，围绕某个固定主题，在教师的帮助下，通过收集、分析和处理数据进而解决相关问题，最终内化知识、完成体系建构的过程。所以，在这个过程中，学习者能够通过相互帮助锻炼自身收集、整理与运用数据的能力。与此同时，教师无论是在硬件设施、专业问题或是数据处理上，都可以在一定程度上给学习者提供专业性的建议。概括而言，创新性实践活动也是学习者提升数据素养的一种方式。

（二）创设绿色数据环境

当前，大数据发展方兴未艾，而发展中的事物，往往包含着更加明显的矛盾对立面。所以，大数据环境在给学习者带来诸多便利的同时，也呈现出欺骗、隐患和不规范等特征，导致各类数据危险事件频发，一定程度上对大学生学习方式的变革产生极为不利的影响，因此，绿色的数据环境亟待被创设。所谓绿色数据环境，主要是指信息安全、健康与规范三位一体的数据环境。绿色代表可持续发展，象征着创新与人文价值。在数据环境被污染的当下，我们可以从以下几个方面创设绿色数据环境：

第一，设立专门的数据管理机构，严格数据准入标准。根据全球最大的管理咨询和信息技术跨国公司"埃森哲"的数据公布，直至 2017 年，美国新增数据管理职位的数量占全世界 44％。在世界上影响较大的几个国家中，除了中国，美国、英国、巴西、新加坡等国家的数据管理日趋成熟。可见，我国在数据管理方面的进展与发展中第一大国的地位是不相匹配的。也正是由于没有引起相关部门的重视，所以数据环境才会出现冗杂的局面。因此，设立专门的数据管理机构，工作人员能通过定期组织交流，全方面掌握数据情况，严格数据准入标准，从而消除一些对学习者不利的数据隐患。

第二，健全数据相关法律法规，加大数据犯罪打击力度。"大数据"在政府工作报告中第一次出现，这充分说明对大数据的认识上升至国家战略层面。法律代表着国家在意识形态上的权威。建立健全大数据相关法律法规应该是我国的战略中心之一。以往出现的涉及黄、赌、毒等低俗的数据资源荼毒大学生事件，就是因为没有对应的法律法规作为强制保障手段，所以一些违法分子抓住大学生的猎奇心理和法律的空缺，引导他们误入歧途。因此，出台相关法律法规能够及时有效地追究有关人员的刑事责任，将其上升至国家高度，从源头上遏制一些不健康内容的传播，从而为学习者提供健康的数据环境。

第三，发挥舆论宣传作用，提升数据安全意识。以往各大媒体报道的涉及学生隐私安全的事件，一般都是在校大学生因为被电话、网络诈骗等危及自身安全等方面的报道。对于这样的消息，媒体更倾向于将大众的关注焦点聚集到当事人身上，于是人们习惯了将该类事件当作茶余饭后的谈资，最常见的做法就是当类似事情尘埃落定之后给予同情或是批评。事实上，这并不应该成为报道的中心。作为舆论媒体，应该利用其巨大的影响力和正能量来影响受众。也就是说，媒体真正需要做的工作应是联系一些数据专业人员，分析报道案件背后的原因，或是报道一些因有自身安全意识而避免此类事件发生的故事，给广大学生传播正能量，让大学生们一方面知晓数据安全存在着隐患，另一方面了解该如何应对，可以利用校园广播、微信、微博等影响力较大的平台，加大数据安全宣传力度。因为，此类平台的受众大多是大学生群体，与电视媒体相比，其在大学生中的影响力更大。

（三）培养教师的数据思维

高校教师是教育教学中的重要执行者之一，其地位无法被取代。然而，从目前的情况来看，高校教师并不能完全适应大数据给教育教学带来的诸多变化，教师的数据思维亟待培养。所谓数据思维，其实质是一种意识，具有敏锐性、前瞻性、多样性和个性化等特点。由于思维方式对行为能产生直接影响，所以教师只有养成数据思维，才能更好地适应大数据时代下的教育教学，从而促进大学生学习方式的变革。

第一，职业培训是教师数据思维形成的基础。无论是对新教师的职前培训，还是对老教师的在职培训，其目的都是让教师能对数据产生敏锐感从而最终为学习者提供个性化学习服务。在西方发达国家，已经有教师基于大数据的思维决策成功作用于教学的案例。研究人员通过追踪发现，根据学生的学习需求修改教学设计进行个性化的教学比传统的教学方式效果更好。到目前为止，我国在对教师的职业培训中鲜有数据运用等相关内容。因此，迫切需要从大数据的视角培养教师对于数据的理解。随着大数据的不断发展，在未来，数据定会成为学习者学习密不可分的工具，作为协助学习者学习的教师，更应该加强对数据的理解与运用。所以，在教师的职业培训中融入数据思维相关的培训，并以实践的方式向教师展示大数据技术，能给教师们提供针对性的示范，促进教师数据思维的进一步发展。

第二，基于数据的教学竞赛是教师数据思维训练的重点。教师数据思维的形成，绝不只是教师的个人问题，而是代表着教师所处的整个教育系统的更新。举办基于数据的教学竞赛，能调动高校、教师专业发展相关组织以及优秀教师等多方资源，合力训练教师的数据思维。具体做法如下：首先，可以通过获奖教师的经验传授，让参赛者知晓如何运用数据有效地改进教学。其次，参赛者通过自身对大数据的理解设计出初步的教学规划，进而学校配合其在教师中组织讨论与修改。最后，用模拟课堂的形式进行实体训练。这样，不仅教师个人的努力得到印证，学校和相关教育管理部门也得以融入，致力于共同形成基于大数据的教育生态系统。据报道，在经历 PISA 测试之后，上海已经率先开展诸如此类的教学竞赛，并且收效甚好。在未来，教师不仅要学会 IT（InformationTechnology），更要学会 ICT（InformationandCommunicationTechnology），用数据思维助力未来教育的整体转型，引导大学生学习方式的变革。

（四）加快建构智慧校园

学校作为教育的专门场所，其诞生更是标志着教育制度化的形成，因此，建构智慧校园已成为大数据时代下教育改革的重要组成部分之一。微观校园环境对学习者的学习具有无可替代的直接影响，而智慧校园建设的核心意义就在于促进学习者学习方式的变革。所谓智慧校园，是指通过物联网大数据技术的全面环境感知，为学习者提供个性化技术支持服务和无缝网络通信，促进学习者有效学习的开放教育环境和舒适生活环境的校园（见图 4 - 15）。

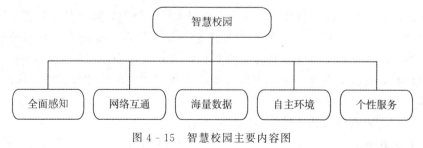

图 4 - 15　智慧校园主要内容图

总之，智慧校园的主要特征就是"以生为本，融合共创"。根据调查所得数据以及大学生所提相关问题，可以考虑采取以下措施：

首先，创建并增加智慧教室的数量。智慧教室作为智慧校园建设的缩影，一直以来都是大数据时代下学校教学进程中的重要环节。为了让学习者能有效利用大数据带来的便利，教师在授课时就必须有所涉及，而这些都需要外部物理环境的技术支撑。第一，学校可以先通过大数据、云计算等技术收集学生对授课教室的环境需求，如光照、室温、座位等。第二，将这些数据存入云端，通过大数据的进一步分析得出学生在教室上课的时长、活动设置等。第三，通过中央自主调控模式，对收集到的数据进行匹配，从而实现"教室多用"的目的。如此一来，授课教师只需按照事先设定好的程序进行操控，教室的环境就会根据授课需要以及学生的需求进行改变。当然，每间智慧教室一定要具有自动录制教学视频的功能，以方便教师或学生在期末进行回看复习。

其次，加大对校园网的覆盖和稳定投入。校园网络是创建智慧校园的有力工具之一。以往都是通过数据服务商来管理校园网络及其相关数据，学校自身对其的掌控力度较弱，所以导致数据泄露或是网络不稳定状况频发。有鉴于此，学校可以考虑成立专门的网络管理中心，并聘请相关专业人员在校园网的防火墙内部建立属于学校内部的数据管理系统。如此双层防护，在有力保障校园网稳定性的同时，也有利于校园网信号的增强。关于校园网的覆盖面积问题，目前一些高校已经开始引入联通、移动和电信三大传统网络运营商，将其与校园网络相结合，形成四位一体的网络覆盖，较好地弥补了校园网辐射面积不足的问题。

最后，优化图书馆、自习室等数字化学习空间。在调查中，不少学生反映学校的数字化学习空间较为缺乏。特别是随着复习考试周的到来，图书馆与自习室人满为患，许多同学想学习都没有地方。空间的缺乏，打乱了他们的学习计划，有一部分学生直接放弃，还有一部分学生无奈之下选择了效率低下的寝室进行复习，于是"三天打鱼两天晒网"成为他们的常态。在这样的情况下，学校应该着力提升图书馆与自习室等学习空间的软硬件设施，为学生提供更多的学习空间，并营造良好的学习氛围。一方面，图书馆、自习室等学习空间可以先通过签到系统收集学生的学习时间安排，充分利用学习空间增设座位，并在复习高峰期间设置座位预约服务。同时，对学习资源及空间利用率较低的学生进行智能预警，通过设置权限对其进行惩罚。对于在寝室学习的大学生，学校可以通过大数据监测其学习行为，并设置相关提醒服务，让自制力不强的学生体会到监督的紧迫感，在一定程度上提高学习效率。另一方面，为增加学习空间，学校可以考虑开设 24 小时学习室，同样采取线上预约座位的办法，并对信用记录不良的学生实行惩罚，还可以利用大数据检测室温或声音分贝等，按照实际需求进行自动调节。

第二节　大数据时代管理模式变革

一、大数据对我国高校教育管理带来的影响

（一）大数据对我国高校教育管理带来的积极影响

大数据为高校数据采集、治理模式、教育教学、资源调控、考核评估、智慧科研及智慧管理等方面带来革命性的力量。

1. 数据采集：关注过程、关注微观

局限于技术、人力和物力，传统高校数据采集主要以管理类、结构化和结果性的数据为重点，关注教育整体发展情况，这种反馈机制在一定程度上对于高校教育决策、规章制度的制定起到了积极的作用。但是，对于学生、教师、科研的实时掌握还远远不够，对于不好的结果也不能提前预测和预防，大多是事后补救，从而使高校教育管理处于被动局面。随着大数据技术强力渗透到各行各业，高校教育数据的采集面临着新的变革。互联网、物联网和大数据技术支撑下的高校智慧校园，不仅在采集数据的数量上超过传统高校，而且在数据的质量及数据的价值方面都具有传统高校数据所不可比拟的优势。高校教育管理大数据具有非结构化、动态化、过程化及微观化的特点，处理程序更加复杂、深入和多元化。学生的学、教师的教，一切活动都有据可查。数据流源源不断，在数据分析师的头脑中加工，产生源源不断的智慧流，从而促进高校教育管理更加科学化、人性化。然而，由于高校教育管理对象及活动的复杂性，加上缺乏商业领域标准化业务流程，从而导致高校教育管理大数据的采集活动呈现复杂性的特点。在高校教育管理大数据的分析中，要特别强调因果关系，虽然国际大数据专家舍恩伯格认为更应重视相关关系，但是教育是以培养人为根本目标，它不同于商业数据无须追根溯源，教育大数据不仅要"知其然"，更要知其"所以然"。通过技术分析和处理，挖掘高校教育管理大数据所体现的规律及揭示问题背后的根本原因，最终寻找破解之道和应对良策，从而更好地提升高校教与学的活动效果。

2. 治理模式：民主治理、集思广益

利用数据进行决策，已经在管理中形成共识。SAS 及《哈佛商业评论》调研结果显示：700 名参与调研的高层管理者中，75％的人认为他们在进行决策时实际上依赖数据分析；40％的人认为采用数据分析的结果进行决策，提升了他们工作的重要程度以及在企业中的地位。

　　大数据时代，高校决策模式、治理模式都将面临转型。传统高校治理属于"精英治理"，受限于校园信息化程度和智能化程度，学校各项事业发展方案、措施、策略等不能广泛传达至师生，民主意识较强的管理者顶多召开一个小范围的研讨会，或者以开会的形式传达，而这种正式会议过于严肃和拘谨，缺乏自由、轻松的氛围，不利于异质声音的表达，也就意味着不能将群众的真正声音传递到决策者耳中。而在以互联网、物联网、云计算、大数据及移动终端为技术支撑的智慧校园中，可以实现高校由"管理"向"治理"的转变，更好地实现治理的民主化、科学化。高校管理者与师生不受时空限制的互动交流，至少有四点优势：一是收集有利于学校发展、各项业务完善的群众智慧；二是传达学校发展战略、思路，形成上下合力；三是拉近干群距离，将各种矛盾化解在萌芽状态；四是决策处处留痕，实现阳光政务，防止权力"任性"，促进决策的规范化、科学化。

　　3. 教学模式：及时反馈、因材施教

　　利用大数据技术开展翻转课堂教学改革或在线教育是当前高校教育管理变革的重要内容。高校学生数量庞大，是运用信息技术的主要群体，也是高校教育管理大数据的重要生产者和使用者。可以根据学习平台上不同学生对各个知识点的不同用时、不同反应，来确定要重点强调的知识和决定不同的讲述方式。大数据[①]教学有两大优势：一是私人定制，二是大规模个性定制。私人定制即借助适应性学习软件，通过相关算法分析个人需求，为每一名学生创建"个人播放列表"，且这种学习的内容是动态的。通过大数据分析，对提高学生个体学业成绩需要实施的行为做出预测，决定如何选择教材、采取什么样的教学风格和反馈机制等。大规模个性定制指根据学生差异对大规模学生进行分组，通过相同测验，有更多相似性的学生会被分在一组，相同组别的学生也会使用相同的教材。大规模个性定制教育的成本并不比批量教育成本高出许多。吴恩达（AndrewNg）于2011年将其课程搬上互联网之后，注册的学生突破10万人，其中有4.6万人确定开始了课堂学习，并提交了作业。在为期4个月的课程结束后，有1.3万人因成绩合格而获得了结业证书，课堂结业率为10％，看起来相当低，而其他网络课堂的结业率甚至只有5％。Coursera上现有60多所不同的大学提供在线课堂，300种以上的免费大型公开在线课程，吸引了全球300多万学生和成年学习者参加，课程包括了计算机科学、数学和工程专业、诗歌、历史等学科。中国大学MOOCs（慕课）通过率只有3.72％，与传统实体大学相比，是否MOOCs就是一个失败的新鲜事物呢？其实，即使是很低的结业率，通过的总人数还是凭借传统的教学手段所无法企及的。哈佛大学在线教育负责

---

　　① 李敏. 大数据对高校教育管理的影响及其应对 [J]. 文教资料，2019（03）：131—132.

人认为，在线教育的浪潮是继印刷术发明之后，教育领域面临的最大变革。人类教育由古代学徒制到近现代的学校教育，再到在线教育，是教育形式的螺旋上升，既解决了教育产品量的问题，又很好地解决了教育产品质的问题。大数据的教育潜力很大，运用前景广阔。以行为评价和学习诱导为特点的在线教育平台，仅是其影响高校教育的"冰山一角"。

4. 考核评估：动态评估、全面多维

大数据促进高校教育管理评估从注重经验向注重数据转变，从注重模糊宏观向注重精准微观转变，从注重结果向注重过程转变。高校教学活动是大数据评估最常用的领域，从广义上理解，高校大数据应是人类学、社会学、社会关系学背景下的大数据。高校内部大数据系统一定要与外部社会大数据系统建立起融合关系或者链接关系，这样才可能从知识、情感、能力、道德等角度全方位、多维度地了解学生，制订人性化发展方案，有效避免以学习为中心，而更好地实现以素质为中心的教育宗旨，才能更好地培养符合社会需求的高水平专门人才。首先，高校利用大数据技术，对人才培养、产业发展及社会信息等数据的采集要提前布局，要有连续的数据对其支撑，每个地区的生源情况、就业情况，要有长期连续的动态数据，才能从中预测经济发展、社会人才需求、高等教育未来发展趋势等，及时调整学校发展战略，促进人才培养模式改革。其次，大数据技术可以实现考核评估的革命性改变，高校教育管理者利用回归分析、关联规则挖掘等方法帮助教师对学生学习状况、思想状况、社交状况等进行全方位的掌握，关注学生成长的过程，实现评价的全方位和立体化，从而优化教育管理策略，提高教育管理效果。哈佛大学 2011 年研发的学习分析系统，是一种基于云计算的学习分析系统，包括数据采集、数据存储、数据分析和数据呈现几个模块，能将学生进行学习的相关数据分析后可视化，并实时呈现到教师的设备屏幕上，便于教师对课堂教学的及时调控，这种分析系统已在 OhioState、Cornell 等大学中推广。最后，利用大数据技术可以建立起教师科研、教学的预警机制，对于教学质量监控、科研趋势等设置报警区域，达到设定的阈值时系统会自动报警，提醒管理人员重点关注一些教师。基于大数据技术，创新高校教育教学评估体系，使之更加多元化、智能化、个性化，实现由传统基于分数的评价向基于大数据的评价转变，由传统的结果评价向过程评价转变。

5. 资源调控：优化组合、注重效能

推进高校资源大数据平台建设，有利于对有限的教育教学、实验室、寝室等资源进行重组、分配和优化，从而使教育资源具有新的结构，产生新的功能，提高资源效能。在实践中，有很多高校投入巨资建设的实验室利用率并不高，而有的实验室却人满为患，学生急于寻找实验室限于信息缺乏或者人为设置的障碍而无法获得资源。与此情况相似的是，教室、图书馆的阅览室也存在这样的"两极"现象，有的空荡无人，有的却排队占位甚至产生矛盾争执。高校资源大数据平台可以很好地解决这个问题。首先，大数据中心的建设要从理念上打破所有教育教学、实验图书等硬件资源的固定归属，从学校整体层面进行调控。其次，依托物联网、通信、信息、控制、大数据、云计算技术对资源、能源进行科学调配和利用，从而实现管理的"模糊化"向"清晰化"、经验化向科学化转变。最后，通过大数据平台实现学生对学习、生活资源的方便、快捷获取。我国诸多高校在教育教学资源管理智慧化方面已做出有益的探索，如浙江大学通过大数据中心建设，形成全校数据资产，并为教务、物资设备、学工、科技等部门提供数据服务；同济大学利用先进的节能监管平台，对数个分散校区的资源、能源实行远程、实时、科学监测，为节约型校园建设提供了基础保障；常熟理工学院 2013 年启动数据中心虚拟化项目，按照"服务准、系统稳、资源省"的目标，引入"戴尔综合化虚拟系统解决方案"，实现了数据高安全性和高可用性，实现了按需分配、动态分配系统资源的虚拟化应用，实现了数据资源的跨校区容灾备份，保证应用系统 24 小时不中断。通过建设资产信息管理与决策支持平台，一方面让使用者和管理者都能及时掌握资产信息的情况，从而改变管理者被动、业务部门信息不对称、沟通交流不足的局面，提高管理效率；另一方面，也为学校、二级学院及部门进行成本核算或招投标决策提供参考。

6. 智慧学工：柔性管理、注重权变

大数据促进智慧学生工作，是大势所趋。第一，高等教育转型和高等教育大众化发展，对高校学生工作管理人员提出更多的挑战。高等教育大众化的结果使高校学生规模逐年增加，专职学生管理人员的增比远远不及学生规模的增比，学生工作的繁杂性和艰巨性大大增加。第二，在信息技术浪潮的冲击下，学生工作管理者的传统话语权正在被削弱，唯有顺应时代潮流，利用信息技术、大数据技术等优势，增强话语优势和管理服务效果。第三，高校转型发展对学生工作提出更高的要求，高校教育管理目前正面临着"由精放管理向精细管理"的转变，传统高校学生管理存在刚性有余、柔性不足的缺点，现代教育管理的发展趋势是进行柔性管理。柔性管理要求以生为本，关注激发学生发展的内在驱动力、动力持久性和管理权变性。在小数据年代，高校欲实现柔性管理显得心有余而力不足，不能随时随地掌握学生的学习、科研、生活、社交等信息，且往往历经千辛万苦得到的数据，最后因失去时效而显得没有意义，导致"赔了夫人又折兵"。建立学生工作综合信息管理和决策平台，能够及时、全面获取学生工作大数据，能够快速发现问题，及时调整策略，主动实施有效措施，从而使工作更有弹性、彰显柔性。利用大数据技术，可多维度、全方位地分析学生的学业情况，动态评估学生消费，预测学生毕业去向，引导个性化、针对性就业。上海交通大学不仅建立了数据中心，且在"数据开放"的道路上迈出一大步，2015年开放了IFE网络、一卡通、气象三个数据集，2016年开放的数据集得到诸多应用，还催生了许多学生创业团队。上海海洋大学利用大数据技术，使新生教育服务工作精细化，新生可以提前上易班申请绿色通道、选购生活用品及提前申请勤工助学岗位等活动。上海海事大学实施易班优秀社团的评选办法，让易班成为全校社团的"大本营"，实现了现代信息技术与高校优质教育资源的深度融合、社会主义核心价值观与大学生刚需实践的深度融合，从而增强了思政工作的有效性和创新性。

7. 智慧科研：博采众长、继承超越

高校科研大数据系统包括科研文献库和科研综合信息管理与决策平台两个部分。

首先，科研文献库大数据是高校科研的重要参考资源。科学的发展离不开交流和讨论，因为科学中存在错误和局限。科研文献库的建立是高校科研人员文献研究的基础，有利于高校教师对已有科研成果的继承和超越，更加体现了"现代科研成果是站在巨人肩上的结果"。一般而言，高校科研文献库越丰富，对科学研究的影响越显著。高校科研文献库的建设形式有两种：购买文献资源和自建文献资源。购买资源包括科研数据库里中从知网、万方、维普、超星、读秀等处购买的论文、著作、文集等资源；自建资源包括高校特色数据库，如中国水利工程数据库、大学名师库、测绘文摘数据库、校本硕博论文库、专题数据库、特色数据库等。这些资源对于学校师生的研究和提升具有重要的借鉴和启发作用。

其次，大数据使高校科研活动具有智慧性。高校教师可利用智慧检索软件，对文献信息资源进行学科分析与科研选题，或者跟踪科研进展与定制个性化服务，从而提高研究效率。

再次，大数据可以提高科研效益。通过大数据技术使高校科研从传统的寻找因果关系转向寻找相关关系，从而减少研究资源的浪费，节约研究的时间，提高研究的效率和成果的可靠性。科学研究就是寻找大自然物理现象原因的工作，大数据技术使之更容易、更接近规律，且节约成本，包括经济成本、人力成本和时间成本。高校是科研的重要阵地，高校的科学研究也需要借助大数据技术进行数据驱动的决策。

最后，科研管理综合信息与决策平台有利于提高科研管理的科学性和效率性。利用内部、外部信息，进行科研数据的分析，可以消除或减少重复立项、经费安排不合理、项目负责人不胜任等问题，从而促进公平竞争与科研资源的优化配置，提高科研资源使用效益。建立科研大数据平台，包括从外部主管部门科研系统中获得的科研项目的数量、类别与要求，从内部科研数据库中得到的人员、设备、经费、研究经历与研究条件等信息，从 Web 上获得的论文和专利的数量与质量等信息，从项目成果报表上得到的成果转让和奖励等信息。通过建立科研管理综合信息与决策平台，将各类信息进行整合，对研究课题的科学性、创新性和外部文献库进行综合分析，对申请者所涉及的各项因素综合分析，将不合理的因素排列在立项之前，最终为科研项目评估专家提供决策支持。

（二）大数据对我国高校教育管理带来的消极影响

大数据在给高校教育管理带来机遇的同时，也带来了消极影响和挑战。

1. 隐私与自由平衡问题

隐私与自由的平衡问题似乎是一个悖论。隐私意味着不能绝对自由，自由意味着要牺牲一定程度的封闭和隐私，如何保持二者之间必要的张力，是一个考验高校管理者智慧的难题。InBloom 组织的失败就是一个"理想很丰满、现实很残酷"的例子。2013 年 2 月，盖茨基金会、卡内基公司和其他投资者投入 1 亿美元，资助成立了一个名为 InBloom 的非营利性组织，旨在收集和存储教育数据，促进个性化教学。比尔·盖茨曾经称它的技术为"令人兴奋的新事物"，成立之初有 6 个州与其合作，InBloom 从不同的年级和考勤数据库中提取学生数据，并把这些数据存储到云处理器中。数据超过 400 个类别，包括学生姓名、地址、考核和考勤、纪律处分等林林总总的信息，甚至还有经济状况、纪律性、残疾和健康等比较令人反感的分类。因遭到家长和公众强烈抗议后，而勉强运营 15 个月后最终关闭。InBloom 的 CEO 伊万·施特赖兴贝格尔在 InBloom 网站上贴出了一封信，信中充满沮丧地说："由于公众担心数据误用而停掉这一重要的创新，这是一个耻辱。"这个例子说明大数据运用于教育，取得家长和学生的信任至关重要，具有令人信服的成功范例非常必要。尽管美国《联邦教育隐私法》早已存在，尽管奥巴马反复强调"所有在教室内收集到的学生信息，只能用于教育的目的"，但是教育隐私数据泄露现象屡禁不止。2014 年，美国一家就业规划网站 ConnectEDU 在破产清算过程中试图卖出自己的数据库，其中包括上百万学生在学术、个人和职业方面的详细个人数据。在联邦政府介入后，收购公司才同意 ConnectEDU 用户们可以删除自己的数据。对此，美国众议院两位议员——科罗拉多州民主党人杰瑞德·波利斯和印第安纳州共和党人卢克·梅塞尔起草了一项称为"学生数据隐化和家长权利法案"的提案，限制包括在线作业系统、数字教材、学校邮件系统等公司收集学生信息来盈利，或泄露信息给广告商以推送定制广告。同样，正确解决隐私与自由平衡的问题，也是我国高校不可回避的挑战。我国 2016 年频现高校学生信息被泄露事件，涉及学生权益的电信诈骗屡禁不止，大有超越传统违法犯罪社会危害性之势头，这也是大数据技术产生的负面影响。

2. 数据霸权问题

大数据可以通过概率预测优化学习内容、学习时间和学习方式，预测大学生职业生涯。但是，按照大数据预测进行的教育分组、教育定制真正符合人才发展规律、符合公平公正原则吗？按照大数据预测的未来职业、专业兴趣，真正符合学生的现实需求，满足人的挑战自我、超越自我的精神追求吗？教育的根本宗旨是因材施教、因人而异，大数据背后探索的规律，看似是"规律"，其实并不是"规律"。在教育中有很多现象大数据无法预测，如人类的智慧、独创性、创造力造就的理念等。心理学上有一种现象叫"罗森塔尔"效应，表示心理暗示对个人发展的重要影响，是对客观现实的一种逆转和超越。阿尔伯特·爱因斯坦说："想象力比知识更重要，因为知识有限，而想象力包括世界一切。"我们需要对人类的非理性、对定量与定性分析的反抗保留一份特别的空间。按成绩分组、教育定制加深教育鸿沟、限制学生超越发展的诉求，可能会导致教育由一片广阔的天空转变为预定义的、拘泥于过去的狭窄区域，社会倒退为一种近似种姓制度的新形式——精英与高科技封建主义的古怪联姻。"电子书包"让学生身负着他们整个教育生涯中的电子成绩单，适应性学习可能导致对能力较弱学生的打击，无法遗忘的过去成为学生的诅咒而不是福气，历史的小瑕疵成为学生求职的致命打击。全面教育数据带来的重大威胁，并不是信息发布不当，而是束缚我们的过去，否定我们的进步、成长和改变的能力。放弃数据的收集和使用，将阻碍大数据对教育带来的诸多益处；而陷入数据崇拜，又将受制于数据，失去自由。我们需要在对优化学习的渴望和对过去决定未来的拒绝之间做出微妙的权衡，虽然"一切过去皆为序曲"，但不要让过去完全决定我们的未来，我们仍应满怀热情地迎接下一个日出。在这个对新生技术畏惧、疑虑的时代，数据将越来越难收集，甚至最糟糕的可能是被收集者还会因怕"数据欺凌"而采取"玩弄数据系统"的"自我保护"，这样建立在不真实数据基础上的决策将会更可怕。

3. 数据垃圾处理问题

大数据不全是"金矿"，也有数据垃圾，人类必须具有解决大数据垃圾问题的力量，否则将产生严重的后果。大数据时代，巨大的信息和碎片化的数据充斥着整个网络世界。随着智慧校园、泛在学习的推进，高校教育大数据将成指数倍激增，这将会给高校的机房和数据中心带来数据存储及数据处理上的负担和压力。2014 年美国国家消费者法律中心发布的"大数据征信对个人征信的大十问"调查报告指出，进入大数据征信公司的数据 50% 左右是错误的、有问题的，是垃圾。既然源头上存在垃圾，那么产出的很难是金子。如果以垃圾数据为基础建立决策，就可能会使垃圾数据像病毒一样传播，最终使工作蒙受损失。因此，垃圾数据一旦产生，就需要我们在数据处理的过程当中，对垃圾数据进行过滤和清洗,并且①自动决定这些数据的去留。目前,对于高校数据垃圾的处理技术、处理原则、处理经费、数据人才等方面都存在问题,特别是在大数据的价值挖掘没有充分利用的情况下,对于垃圾处理的支出显然大于得到,数据"金矿"至少目前并没有体现,反而呈现"得不偿失"的倒挂局面。当然,尽管对高校教育管理大数据垃圾进行过滤和清洗的任务艰巨,但是不能因噎废食,而放弃对数据中心的建设和利用。

4. 数据标准问题

大数据的价值在于数据的共享,标准化是各类相对独立的、分散无序的数据资源通过融合、重组及聚合等方式形成一个较大的、有序的、可读的与高效的整体,使人们可以快速使用,这需要建立完善的数据标准体系。数据标准化是数据整合、共享、挖掘的前提和基础,是数据金矿实现的必要条件,而数据标准是数据标准化的依据和标尺。目前,国内外大数据标准化工作尚处于起步阶段,还未形成一套公认的、完整的大数据标准体系,绝大多数的大数据标准化工作尚处于标准的需求分析和研究探讨阶段。我国是 ISO/IECJTC/SC36 的正式成员国,有 3 人担任此工作组的召集人,9 人担任国家标准项目编辑,主导的 4 项国际标准和参与的 16 项标准工作项目中表达了符合中国利益的意愿。大数据标准体系主要包括大数据通用技术标准、大数据产品标准、大数据行业应用标准、大数据安全标准。我国目前已发布 19 项国家标准、7 项教育行业标准;待发布 7 项教育行业标准;在研 34 项国家标准,17 项行业标准。为了适应国际国内教育信息化发展的要求,CELTSC(教育部教育信息化技术标准委员会)根据国家要求和市场需求,新成立了在线课程类、智慧校园类、教育类等 6 个新的工作组(研究组),并已经针对 MOOCs、智慧教育、教育大数据分析等领域开展国家标准和行业标准的研制。2014 年 12 月,全国信息技术标准化技术委员会大数据标准工作组正式成立,工作组包括北京大学、阿里、华为、京东、国家信息中心等 150 家申请单位,2015 年年底,已完成草案的有《信息技术大数据术语》《信息技术大数据技术参考模型》等 8 个国家标准,正在研制的有《信息技术数据质量评价指标》《信息技术通用数据导入接口规范》2 项国家标准。高校大数据同样需要标准化处理,尽量减少混乱无序的数据、信息、资源,这样才可消除"信息孤岛"现象,增强教育数据的可用性、通用性和互操作性,从而促进数据整体价值的提升。武汉大学、复旦大学等高校在数据标准化方面进行了初步尝试,并取得了一定成绩。但是,我国高校整体并没有形成一套完善的、可通用的数据标准体系。

---

① 庞钊珺,柳国勇. 大数据时代高校教育管理工作探讨 [J]. 西部素质教育,2018,4 (17): 106—107.

5. 数据质量问题

"数据质量"主要指数据资源满足用户具体应用的程度。数据质量主要从完整性（completeness）、规范性（conformity）、一致性（consistency）、准确性（accuracy）、唯一性（Uniqueness）、关联性（Integration）几个角度综合评估，度量哪些数据丢失了或者不可用、哪些数据未按统一格式存储、哪些数据的值在信息含义上是冲突的、哪些数据是不正确的或超期的、哪些数据是重复的、哪些关联的数据缺失或未建立索引。数据质量是依据数据科学决策的保障，质量化下的数据决策比没有数据的"拍脑袋"决策更可怕。根据ExperianDataQuality的数据，88%的企业收支情况都会受到不准确数据的影响，而且受影响的营收比例高达12%。因此，高校大数据的质量必须从源头抓起，从何而来、是否准确、以谁为准这些问题都需要解决。职能存在交叉关系的不同部门产生的数据如果存在不一致，哪个更有权威？在时间纵轴上，同一性质和类别的新旧数据之间存在不一致，如何认定哪个更可靠？如果数据的一致性得不到解决，那么数据的质量没有保障，数据的共享也没有意义。因此，高校在进行大数据收集的过程中，必须要有详细的计划和科学的数据标准化方案，不能一网打尽、良莠不分。美国政府 2015 年任命的首席数据科学家帕蒂尔（DJpatil）曾一针见血地点出数据问题的症结，"在开始之前必须懂得一个非常基础的概念：数据是混乱不堪的，而且数据清理工作总会占据 80% 的时间。换句话说，数据本身就是问题的所在。"也就是大部分"大数据"并没有价值，近90% 都是垃圾数据。高校数据存在着多源头、不一致、异构、缺失、不准确、重复等问题，其中，未制定统一数据标准，数据中如建设缺乏全校范围的宏观整体规划，国内教育行业软件成熟度不高，系统技术架构不一致，业务人员对数据质量重视不够，数据维护不及时、不准确及不完整等是影响数据质量的重要因素。

6. 数据安全问题

单独的数据似乎看不出什么价值，但是数据一旦发生关联，便会产生"1+1＞2"的效果。大数据背后的秘密一旦被泄露，将会对高校信息安全、学生隐私安全产生巨大的威胁。特别是很多师生学习、生活及工作数据也在网上，互联网和云服务能够实现对人从摇篮到坟墓的全部跟踪记录，这些在网上的教育行为记录一旦被整合，就会对个人隐私造成极大的侵害。高校教育数据被黑客入侵泄露的现象屡见不鲜，2014 年 2 月，美国马里兰大学发生了严重的数据泄露事件，有 309000 名学生及职工的名字和社保号在一个"复杂"的网络数据安全攻击中被盗；2012 年，据国外媒体报道，TeamGhostShell 组织黑客集体入侵中国杭州电子科技大学网络教育网站，并成功获取到大约 15 万用户数据，包含用户名、MD5 加密过的密码和电子邮件地址；2016 年 4 月，学信网数据泄露，

5 亿在校大学生信息资料或被黑客盗用；2017 年 5 月 12 日，全球爆发 ONION 病毒，磁盘文件会被加密为. onion 后缀，需要支付高额赎金（300～600 美元）才可以解密文件，对计算机用户造成精神、财产双重压力。因此，各级政府、教育主管部门及高校都必须高度重视数据安全问题，有关高校教育管理数据安全法律法规的制订也显得非常必要且紧迫。

7. 数据存储期限问题

高校教育数据存储从技术上来讲可以无限期，但是从伦理道德的角度和管理成本的角度来讲，应有一个期限。设立一个期限，可以克服无法遗忘的过去对学生一生学习、工作和生活的阴影笼罩，还可以促进相关数据专家在有限的时间内进行数据的挖掘和分析利用。但是数据存储期限的设定受多种因素影响，一是对于数据价值大小的界定，二是对于数据分析难易度的限制。首先，有关高校教育管理大数据价值大小认定的问题。价值是客体的某种属性相对于主体需要的满足程度，主体对客体属性的需要越强烈，客体的价值越大，因此，价值是一个主观概念，具有相对性和可变性。高校教育管理大数据的价值认定究竟应以学校还是以学生为基点？究竟是以现在还是以未来为视角？这些问题都没有确定的、权威的答案。数据价值如何界定，这是一个难题。其次，数据分析难易度也是变化的。究竟高校教育管理大数据要存储多久更合理呢？目前，我国教育部教育综合信息平台上的学生和教师的基本数据是终身的，因其收集的是基本信息，其"数据终身携带制"也是无可厚非的。但是，对于高校而言，除了学生基本信息之外的特殊数据、临时数据等明显不具有终身制的必要性和合情性。

8. 数据人才匮乏问题

高校教育管理数据人才将成为连接大数据与教育应用的桥梁，他们要解决的是如何实现教育管理大数据的价值问题。高校教育管理数据人才是一个跨学科的数据人才团队，由多种角色人员组成，包括数据科学家、程序员、统计人员、业务人员等。虽然市场对高校教育管理数据人才的需求日益增多，但是目前的人才培养体制机制尚不健全，能够提供的人才数量远不能满足现实需求。根据麦肯锡公司的研究预测，到 2019 年全球数据科学家短缺将达到近 200 万。高校教育管理方面的数据人才更是严重缺乏，对于使用大数据的高校教师、研究者和管理者来说，他们驾驭数据的资质和能力则是不容乐观的。对于高校教师和管理者来讲，首先自己应成为"数据脱盲者"，会使用大数据技术，会读懂大数据语言，才能利用大数据技术改进教育管理。同时，学校也需要大量懂得如何在建立数据系统以分享数据的同时又能保护隐私的数据技术人才。英特尔未来教育项目在培养数据人才方面是一个良好的借鉴案例，此项目关注 21 世纪教育改革中教师的两个核心素质：一是采用以学生为中心的教学实践；二是以优秀的教学法融合信息通信技术并将其融入教学实践。此项目于 2000 年推出，目前已为 70 多个国家和地区（包括中国台湾）培训了超过 1000 万名的教师和管理人员。英特尔未来教育项目涉及基础教育、社区教育和高等教育等领域。英特尔未来教育教师专业化发展课程的目标是扩充教师有关行之有效的教学策略以及如何使用 ITC 的知识，项目课程包括五个板块：基础课程、核心课程、成功技能、创新思维和领导力论坛。英特尔未来教育教师专业化发展课程面向不同培训对象设置了不同层次的培训课程和教材，包括《英特尔未来教育基础课程》《英特尔未来教育专题课程》和《英特尔未来教育核心课程》。此外，此项目还针对一般课程教师、学校领导者和信息技术课程教师的实际需求分别设计了不同培训课程和教材。这种差异化的培训方式，能够更加有效地促进全体教师的教育技术应用水平的提高，也对解决我国高校数据人才匮乏问题提供了很好的思路。

9. 制度与组织空白问题

大数据技术对我国高校教学的影响尤著，MOOCs 是大数据时代传统教学面临的最大机遇和挑战，因此 MOOCs 组织制度的建立是高校工作中的重中之重。MOOCs 曾一度被誉为继火的发明之后最重要的创新，却因"实现世界和平"的速度不够快而备受诟病。其作为一种新型教学模式，是对传统实体大学的有益补充，也是对视频公开课缺乏互动的弥补，对于促进教育公平、促进教育质量有着重要的意义。其具有诸多优势：一是开放性。MOOCs 平台基于互联网、面向全体社会成员开放。二是平等性。课程资源及组织方面，人人都平等地享有参与权。三是规模性。网络课程学习者不同于传统学校，一般都是成千上万。四是灵活性。MOOCs 的内容更贴近学习者的生活和需求，更注重综合性、普适性、生成性，更注重互动，其视频精美、短小精悍，向微课靠拢，评价方式多元，引入同伴互评。网络教育和网络学习是大势所趋，但是却存在种种缺陷与不足：一是 MOOCs 制作成本高。缺少成熟的盈利模式，或者说在成长初期缺乏盈利的保障。开放性是其大规模的保障，但是开放性却是其无法盈利的重要因素，开放性和盈利性是一对悖论。2013 年至今，我国许多省市和高校通过成立联盟、签订合作协议等方式，建立了 MOOCs 平台，目前这些平台基本都处于非盈利状态，更多的是靠学校财政或地方政府财政补贴。二是内容更新快等诸多矛盾。预订的课程内容与网络时代知识更新快之间存在矛盾，结构化的课程体系与网络时代知识碎片化、学习碎片化、时间碎片化之间存在矛盾，MOOCs 前期高标准高投入制作模式，显然令后续的修改与完善不太方便，从而使内容过几年便陈旧，不再适合继续开课。三是学习证书的效力问题。网上平台颁发的学习证书与实体学校颁发的证书效力具有差异性，是当前制约 MOOCs 发展的重要因素。学生人数多，使得师生互动交流变得困难，学习过程的监管与考试监管难以真正落实。受经费所限，指导 MOOCs 学习者的助教数量也很有限，只能靠学习者互评，而这种良莠不齐的互评也很难作为正式认证的基础，虽然国外也在尝试通过打字习惯和视频来判断是否代考，但技术都不成熟，社会信誉不高，学习成绩与证书的社会认可度不高。

二、高校大数据教育管理发展存在的问题

目前，我国高校教育管理正处于从信息化向智慧化演进的过程中，虽然我国高校教育管理大数据平台建设取得了一定的成效，但也存在一些问题，必须予以高度重视，如高校的信息化建设参差不齐，高校管理层对大数据、云计算技术认识不足、重视不够等问题。在数据化浪潮中，谁能及时把握先机，谁便能占领竞争高地。我国各高校要在顶层设计、体制机制、技术研发和推广探索等方面进一步加大力度，要坚持"以人为本"的理念和"绿色科技"的原则，推进数据资源的共建、共享和共用，从而使大数据技术真正成为促进学生全面发展、教育管理智慧化和学校内涵建设的利器。目前，高校大数据教育管理发展存在以下问题：

（一）缺乏系统规划

我国数据中心重复建设现象严重，包括高校数据中心在内，是普遍存在的问题。截至 2013 年，国内规划建设数据中心 255 个，但只有 173 个投入使用。255 个数据中心分布在 26 个省、自治区、直辖市。在 65 个超大型、大型数据中心中，一半以上位于或靠近能源充足、气候严寒的地区，有 12 个是以灾备为主要应用。我国各类数据中心的总量为 43 万个，可容纳服务器约 500 万台，整体容量是日本的 1/2、美国的 1/10，有很大扩容空间。但是，资源重复建设现象严重。与此同时，我国数据中心一年的耗电量却是惊人的，堪比三峡水电站的年发电量。这些问题在高校中同样存在。目前，高校每个部门、单位、院系都是一个"独立王国"，各家都根据各自需求建设自己的 IT 系统，没有统一的系统，且存在成本、性能、安全及能源管理等各种问题，这给高校教育管理带来极大挑战和不便。每个学校都有门户网站及职能部门、二级学院网站等几十个甚至上百个，一般这些网站对服务器并没有很高的要求，但是都建立自己独立的物理服务器，付出了昂贵的成本，导致资源的严重浪费。虽然高校也建立了 OA系统、一卡通、教务管理系统、学生管理系统等，但各个系统互不兼容，信息之门闭塞。随着高校办学规模扩大、业务部门增多，学生往往要登录多个管理系统才能完成业务的审批。另外，各系统的不同步，对各种数据的精确统计会造成很大麻烦，教务系统有一个学生人数，就业部门也有一个学生人数，奖学金评定部门还有一个学生人数，各种数据之间形不成关联和同步更新。最后，各部门、各单位、各院系建设的后台数据库，一旦发生数据变化，就可能造成

旧数据的缺失。而在线开放课程建设方面，一些高校还在观望或消极等待，有的什么都想搞、什么都想抓，优势特色不明显，成果成效不突出。这一切问题的出现，究其根本都是因为顶层设计不足。建立一个流程化、可管理、可伸缩、高可靠、安全性、低成本、绿色节能的云化数据中心势在必行。大数据时代，高校管理者也需要加强数据素养和数据能力，这样才能对全校信息化建设统一论证及科学规划。因此，高校要加强大数据教育管理发展的统一规划，在高校教育管理系统建设中，引入数据流和业务流（工作流）理念，构建基于数据流的工作流信息系统开发模式，使数据在各个管理部门之间畅通流转。

（二）缺乏资金保障

据教育部科技发展中心2015年发布的调查结果显示，对2012—2013年数据平台（信息中心）建设经费投入情况，绝大多数学校认为还比较高，认为信息化投入很少的仅占4%左右。尽管如此，还是有66%左右的普通全日制高校和63%左右的高职高专院校认为，制约信息化发展的主要问题是资金投入不足。相比较而言，"211"院校的信息化程度投入很高。由于运行与维护成本高，资金已经成为我国高校大数据教育管理发展的重要制约因素。学校受经费限制，基本采取自维护的方式，这既解决了部分资金不足问题，又培养了信息化人才。通过以网养网，保障运行经费，业已达成共识，但也带来了一些负面影响。有些高校已经尝试流量区分，对正常的教学科研活动实施免费，以消除负面作用。这种积极尝试，是一个良好的开端。当然，开放办学，大规模优质有偿MOOCs应该也是高校增收的另一途径，这一切要求高校必须要有长远的眼光和战略的思维。当前，在我国高校大数据教育管理发展初期，有效的融资机制尚未形成之际，政府应担当起重要职能，加强对教育发展的宏观调控，加大对高校大数据教育管理建设的资金投入。高校也可探索社会BOT融资模式、PPP融资模式，将大数据教育管理中某些建设的资金和经营压力与社会力量分担，诸如网络、服务器、云平台及智慧宿舍等一些硬件建设项目，吸引社会企业、非营利机构或营利机构进入共建，到项目特许期或专营期满后，所有权和经营权转移给高校。

（三）缺乏法规体系

大数据平台建设及服务将成为未来高校发展的重要课题，那么随之而来的薄弱环节是维护问题，而不是建设问题。由于错综复杂的人群及数据应用，高校大数据平台的安全与管理问题日益突出，这给高校带来了巨大的挑战。"成也萧何败也萧何"，安全问题也是大数据技术发展的最大障碍，建立安全管理体系是建设智慧校园的重要保障。各类安全技术和防护手段，诸如加密、身份验证、访问控制等，涉及三个方面的内容：实体安全、运行安全和信息安全。实体安全包括环境安全、设备安全等方面；运行安全包括风险估计、备份和恢复等方面；信息安全包括操作系统安全、数据库安全和网络安全等方面。我国大数据法治建设明显滞后，目前，规范网络技术和保护个人隐私的相关法律法规有《政府信息公开条例》《计算机信息网络国际联网安全保护管理办法》《互联网电子公告服务管理规定》《个人信用信息基础数据库管理暂行办法》《全国人民代表大会常务委员会关于维护互联网安全的决定》《个人信息保护法》等，这些法律已满足不了实践的需求，高校出现的诸多信息失范现象亟须统一规范。近几年，我国促进高校大数据教育管理的政策陆续出台：2013 年，教育部印发了《国家教育管理公共服务平台省级数据中心建设指南》；2015 年，教育部出台了《关于加强高等学校在线开放课程建设应用与管理的意见》，第一次以正式文件的形式明确了对 MOOCs 的支持态度，为 MOOCs 发展营造了良好的政策环境；2016 年，教育部办公厅印发《教育信息化项目管理暂行办法》；2016 年，由教育部牵头，在充分发挥教育信息化专家小组智慧的前提下，完成了《教育数据管理办法》的起草工作，以期成为数据在采集、存储、共享和开放等方面的规范。浙江省、安徽省等教育厅已在 2016 年制定了本省行政区域的教育数据管理办法。但是，促进大数据技术发展和保护隐私的规定散落在一些法律条款中，已无法适应尊严与权利的要求，用于规范、界定"数据主权"、数据安全管理的相关法律缺失，用于促进数据发展的激励法律缺乏。数据所有权、隐私权是高校大数据教育管理发展中不能回避的问题，但这些相关支持体系尚不完善。

（四）缺乏专业支撑

市场巨大、人才缺乏分别是我国大数据发展面临的最大优势和最大劣势。目前大数据产业炙手可热，无论是国内还是国外，学术界与企业界之间的人才竞争都非常激烈。并且，我国目前还没有建立有利于大数据人才脱颖而出的培养机制。"本来我国教育界、科技界的人才就缺乏，而在大数据领域，统计、机械学习等相比而言更弱，所以这个问题需要引起重视。"中科院院士鄂维南说。我国在校用户和技术支撑人员比例较低，接近 80% 的 "211" 高校在主管全校信息化建设和规划工作的部门中都拥有 16 人以上的专业技术人员，有超过 50% 的普通高校的专业技术人员在 16 人以上，而 70% 的高职高专院校专业技术人员数量不足 16 人。并且，真正懂技术的专业人才缺乏，而管理人员过多，使得各高校信息化建设人才队伍结构不够合理。美国高校的 IT 部门人员均超过 300 人，而我国 "211" 高校平均服务人数低于 500 人的仅有 28.57%，平均服务 500 人以上的 "211" 高校超过 50%，而一般院校、高职高专院校平均服务人数 500 人以上的近 60%、50%。高校信息技术人员中，以拥有本科和硕士学位的人员较多，中级职称较多，但拥有博士学位比例呈下降趋势。高校数据中心建设需要一支技术过硬、分工明确、精干高效，且能够处理应急事件的复合应用型人才队伍，这关乎数据中心建设能否顺利开展。目前，全国有近百所高校设有信息安全本科专业，信息技术人才培养走上专业化道路。但是信息技术、信息安全及大数据应用方面的人才仍然供不应求。以目前年培养网络安全人才不足 1.5 万人的现状看，到 2020 年，远不能满足 140 万人的网络安全人才需求，尤其缺少具备实战对抗能力的安全人才。

（五）缺乏共享机制

据国家信息中心和南海大数据应用研究院联合发布的《2017 中国大数据发展报告》显示，2016 年各地政府投资大数据项目数量整体呈上升趋势，但是七成以上是大数据平台和基础设施建设，应用层面的软件开发不到 30%，呈现"重建设轻应用"问题（见表 4-5）。同样，这些问题也在高校教育管理中存在。高校大数据发展分为三个阶段：管理为主利用为辅，管理与利用并重，管理为辅利用为主，现在仍处于第一阶段，普遍存在"重建设轻利用"的问题。从高校教育管理现状看，现有业务应用系统大多独立存在，系统间难以实现数据共享与交换，海量数据得不到科学管理和有效整合。原因是高校缺少统筹谋划，各教育管理部门在建设自己的信息管理系统时各自为政，使用的软件系统和数据标准都不统一，形成一个个信息孤岛。据计世资讯调查显示，我国大约有 80% 的数据中心闲置，一天中大约 15% 的处理周期在进行工作（包括高校数据中心），而 Google 在线应用数据中心 CPU 利用率只有 30%。相对来说，科研信息化最突出的问题就是科研数据的共享问题。据教育部 2015 年发布的《高等教育信息化发展研究报告》显示，我国高校科研信息系统建设较为落后，只有 20% 的高校建立科研知识共享平台，26% 的高校建立科研项目交流平台，也是在教育部大型仪器共享政策的引领下，才有 42% 的高校建立了仪器设备开放共享服务使用网络化信息管理系统。当然，从 2012 年开始，武汉大学、厦门大学、复旦大学等在内的一批知名高校开始重视数据的深度分析和应用。比如，武汉大学建成了网格系统与高性能计算系统，正在进行物联网实验室与仿真实验室的建设，未来将以 DragonLab 学科研究与科研创新平台为基础，对校内外实行教学资源的全面开放；华东师范大学利用预警系统跟踪学生的餐饮消费数据，分析学生是否有经济困难、是否需要帮助。数据的分析利用才是数据中心存在的价值，虽然大数据资源的建设取得了一定的成绩，但是离重视建设到应用驱动、建以致用还有一段距离（见图 4-16）。

表 4-5　国内主要大数据中心资源共享率情况

序　号	大数据园区名称	数据共享率
1	北京亦庄大数据基地	20%
2	上海大数据新区	22%
3	湖北宜昌大数据园区	18%

续 表

序 号	大数据园区名称	数据共享率
4	重庆仙桃数据谷	18%
5	黑龙江哈尔滨数谷	18%
6	新疆乌鲁木齐大数据园区	18%
7	陕西沣西新城	20%
8	河北秦皇岛数谷	22%
9	江苏苏州声谷	21%
10	江苏扬州开发新区	20%
11	江苏南京鼓楼紫金科创特区	18%
12	江苏南京大数据产业基地	18%
13	江苏南京浦口经济开发区	18%
14	江苏昆山高新区	20%
15	江苏常州新区	19%
16	浙江宁波海曙大数据产业园区	22%
17	浙江东阳江北高新产业园区	19%
18	广东深圳大数据园区	25%
19	广东广州超算中心	25%
20	广东汕头南山湾	20%
21	广东东莞高新区	19%
22	广东南海经济开发区	18%
23	福建泉州大数据园区	18%
24	福建长乐大数据	20%
25	福建厦门大数据研究服务基地	20%
26	天津滨海新区	20%
27	四川成都天府新区	18%
28	四川绵阳大数据新区	20%
29	四川峨眉山区域旅游数据中心	20%
30	贵州贵阳高新区	25%
31	甘肃兰州新区	20%
32	河北石家庄中国光纤产业园	18%

续　表

序　号	大数据园区名称	数据共享率
33	河北承德市高新区	18%
34	山东济南智慧旅游大数据基地	18%
35	山东青岛青西新区	18%
36	广西南宁大数据科技企业孵化园产业园	18%
37	内蒙古鄂尔多斯大数据物流产业园	18%
38	内蒙古浩特市云计算与大数据产业	20%
39	河南洛阳炎黄科技园	18%
40	河南郑州空港区大数据基地	18%
41	安徽合肥蜀山开发区	18%
42	山西太原金融大数据园区	18%
43	宁夏银川滨河新区智慧银川数据中心	20%
44	辽宁大连沙河口大数据处理中心	18%
45	湖北武汉光谷大数据产业基地	20%
46	湖南郴州东江数谷	18%
47	湖南长沙中部智谷产业园	18%
48	江西南昌大数据新区	18%

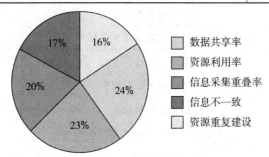

图 4-16　我国大数据园区建设存在的问题

（六）缺乏协同创新

当前高校大数据教育管理发展还存在校企深度合作不足的问题，大数据应用产品缺乏，活跃的企业不多。其次，成熟的教育软件不多，校企合力不足。目前我国高校信息技术软件应用系统建设模式主要有：购买成套产品、学校主导与开发商合作共同研发；用外包系统，很多定制；用外包系统，很少定制，其中，购买成套产品占大多数。我国高校教育管理软件不够成熟，由于企业擅长技术而短于业务，而高校擅长业务却短于技术，二者研发合力不强。因此，在系统实施过程中，技术企业要根据高校具体业务要求进行定制化开发，针对教育软件用户在教育实践中的痛点，研究亟须改革和解决的问题根源。当然，更提倡高校相关专业教师发挥熟悉业务、了解实践需求的优势，自主开发研究系统。最后，还存在优秀智慧教育方案推广不足的问题。相比国际发达的智慧教育，我国智慧教育起步较晚，智慧教育技术研发效能与觉醒程度及创新实力正相关，推广应用效能与观念解放及技术运用能力正相关。"好酒也怕巷子深"，由于缺乏有效的宣传，导致优秀的高校教育智慧设备、教学资源和智慧应用方案得不到广泛运用。借鉴支付宝、滴滴打车、百度云等商业软件的宣传推广策略，智慧教育解决方案的宣传策略应更多注重体验性，营销策略及盈利模式更应注重分步有偿化或"貌似免费"法，技术策略更应注重简单化与融通化，即平台功能丰富、融通，软件使用简单易学。智慧教育理念深入人心、智慧教育技术的"教技合一"必定是一个长期过程，通过有效的宣传和推广，这个过程必将变短。

（七）缺乏有效激励

虽然我国多数高校为数字化教学资源建设提供了一定额度的资金奖励、资源开发工具、资源开发的相关培训和一些技术支持，但是教师的积极性并不高，这成为我国高校大数据教育管理发展的另一障碍。主要原因包括以下几个方面：一是高校教职员工对高校大数据教育管理的认识不足。教职员工对什么是大数据教育管理，大数据教育管理会带来什么效果，MOOCs、SPOC、微课等对传统教育教学改革有什么意义等问题，并没有清醒的认识，更不能从学校发展的全局和未来教育发展的趋势出发而采取教育教学变革。二是大数据技术、翻转课堂、慕课及微课等新技术群给教师带来学习压力。人的本能是守旧和惰性，对新事物有一种本能的抗拒。因此，智慧教育的教育方案、大数据教育管理的软件等必须朝着"方便、简单、智能"等方向发展，这样才能占领市场、赢得用户。三是大数据教育管理的优势并未充分显现。特别是在大数据资源建设初期，大量的数据输入和管理工作，似乎遮蔽了大数据技术在后期会产生的种种"好"，这种"近视"现象也是高校大数据教育管理阻力产生的根源之一。面对数据原居民的大学生，作为数据移民的教师需要勇气挑战和超越"旧我"，只有顺应时代发展和教育改革潮流，提高自身数据素养和信息素养，才能在数据时代创造新的成绩和发展。

三、促进我国高校大数据教育管理发展的思考及对策

高校教育管理的发展经历了三个阶段：古代的经验管理、近代的科学管理（样本教育管理）和现代的教育管理。现代高校教育管理又有三种境界：信息化

教育管理、大数据教育管理和智慧化教育管理（生态化教育管理或文化教育管理）。以生态化、智慧化、人文性为特征的文化教育管理是高校教育管理的最高境界。在高校数据"生态圈"中，各类教育管理是"融通、共享、互激"的存在关系。当前，我国高校正处于信息化教育管理向大数据教育管理转变阶段。在高校大数据教育管理新范式建立过程中，体制机制是关键。正如玛丽莲·艾米和凯姆·万德林登所言：IT所带来的变化是关于组织政策、所提供服务类型、财政预算与支出、内部工作流动与工作行为、IT应用成果等方面的转变。因此，有必要充分借鉴国外高校大数据教育管理经验，深入思考促进我国高校大数据教育管理发展的关键问题，提出具有科学性、可行性和可操作性的对策。

（一）树立大数据教育管理发展理念

大数据时代，最需要的不是大数据，也不是大数据技术，而是大数据思维、大数据理念。大数据发展必须是数据、技术、思维三大要素的联动，高校教育管理大数据的发展，取决于大数据资源的扩展、大数据技术的应用和大数据思维与理念的形成。因此，树立数据开放、数据共享、数据跨界、数据合作的理念，是我国高校大数据教育管理健康发展的前提。

1. 树立分享理念

高校IT是大数据教育管理的基本设施和保障，其使命有两个：一是连接作用，"连接"师生、人与资源、师生与学校；二是支撑作用，支撑"教"和"学"，使之富有效率。发达国家高校大数据教育管理发展较早，数据治理理念比较先进，其突出IT技术与人的融合，这对我国高校大数据教育管理发展有着重要的借鉴意义。课堂上，教师在移动设备和其他应用程序的辅助下，创设参与性的学习环境；在课堂外，学生利用移动设备实现移动学习，打破课堂限制；在社交、管理等方面，移动设备都已广泛运用。借鉴之，我国高校大数据教育管理的发展理念要强调"连通与分享、人技相融、应用体验"的特点，要体现中国特色、彰显学校个性。高校要打破部门、学校、行业、地域、国域等界限，建立协同机制与分享机制，从最大程度上践行大数据的开放与分享理念，实现教育资源和数据资源的共建、共享与共融，从而实现高校课堂教学结构的根本变革，实现教育管理水平和教育管理效益的显著提升。

2. 坚持"以用户为中心"

我国高校管理层要树立"以用户为中心"的管理导向，以学校战略发展目标为指导，以业务流畅性为准绳，融合软件、硬件、服务，向用户提供简单易用、明确统一的集成化服务，以大数据技术和信息推动学校管理模式、教育教学模式的变革。高校在IT规划管理应用方面，要突出人与人、人与资源的高度融合，开发一个统一的、无处不在的平台，简化管理任务，使其更容易被学生所接受。该平台是学校业务和"注册办公室"的扩展，并将成为高校的门户网站，为学生提供持续易用的账户、课程表、登记材料、成绩和基本校园信息访问。它是传播紧急信息状态的自动短信和语音广播；是集成校园、地方警察和医务人员的客户端；是"商务知公"的扩展，能够实现账单支付、购票、买书、购物及财政账户管理的无线交易；是"注册办公室"的扩展，有利于课程招生、学习过程的互动和动态的成绩访问；是与校友和家庭保持联系的工具；是集培训和教师/员工访问的统一平台；是传播校园信息的统一平台。高校要加强基础设施建设，寻找一种灵活的、可扩展的方式，去替代老化的电信网络设备。同时，寻找对老化设备的改进策略，如简化支持，满足学生和教师的需求，帮助学校创收等。融合设备，如 iPhone 或 iPad，是课堂交互性的硬件设备，这些"综合背包"会减少学生必须携带的学术工具，减轻学生负担，提高教师教学的可靠性，高校应推进这些"综合背包"在教育教学管理中的应用。

（二）坚持大数据教育管理发展原则

高校大数据教育管理发展涉及制度建设、平台搭建、管理模式、人才队伍建设等，明确工作原则是其成功开展的前提和保障。高校大数据教育管理发展原则主要包括以人为本原则、扬长避短原则及疏堵结合原则。

1. 以人为本原则

高校大数据教育管理具有属人的特点，不论是大数据教育管理的物理设施建设，还是大数据教育管理的软件系统开发应用、大数据教育管理的隐性文化培育，都必须坚持"以人为本"原则。首先，平台是基础，高校应完善大数据教育管理的基础设施，构建学生的物理学习空间和网络学习空间，形成线上线下相融合的立体化学习模式，这些物理设施要体现"用户至上"和"学生本位"的价值追求。其次，高校大数据教育管理的软件系统在开发之初，就应以最大限度地发挥人的主动性、维护人的尊严为基本标准，以人的全面、自由和个性化发展为根本目标。最后，高校大数据教育管理文化不是冷冰冰的数据理性，而应将人文关怀融于其中，以防止人的尊严、人的价值在强大的技术理性面前被贬低、被异化。在高校大数据文化建设中，一定要避免"大数据主义"的产生，要做到规避大数据负面影响，而不否定大数据正面作用，弘扬数据理性，而不盲目崇拜数据。

2. 扬长避短原则

大数据的双重效应给我国高校教育管理带来了机遇，也带来了挑战。针对大数据技术的双面性，高校在制订应对规划、战略、制度时要坚持扬长避短、趋利避害的原则。发扬大数据在促进民主、平等、公正、自由的大学文化建设及科学研究方面的优势，利用大数据的及时性、动态性及互动性等优势，营造新型师生关系；利用大数据的预警性来判断教育管理动态趋势，做到防患于未然；利用大数据的先进性，提升教育管理信息的安全性，从而保护师生隐私和数据财产不受非法侵犯。对于大数据可能产生的隐私泄露、人之异化及数据霸权等消极影响也要提前防范。

3. 疏堵结合原则

在文化多样性的信息时代，大数据技术利用给高校学生教育管理工作带来空前挑战，特别是西方的多元价值及美国推崇的普世价值，将借助大数据、网络等现代技术载体快速传播和渗透到我国高校师生中。针对西方政治、文化及思潮的入侵，我国高校要坚持疏堵结合的原则，宜疏则疏、宜堵则堵。利用大数据技术的互动性和及时性特点，对一些不良文化观念进行疏导，做到因势利导，为管理者和被管理者提供交流沟通的平台和机制，而不能简单地围追堵截。在大数据时代，传统的封堵方式将会适得其反，最终反而会欲盖弥彰。但是，对于违反我国基本制度、基本国策等的错误行为和思想，我们必须利用大数据技术的预警性，做到早预防、早发现、早治理，把问题消灭在萌芽状态。

(三) 加强大数据教育管理顶层设计

顶层设计具有长远性、战略性、科学性的特点。科学的大数据发展规划 (IT 发展规划)、完善的大数据发展机制 (IT 发展机制) 及民主的治理模式，是马里兰大学大数据教育管理成功的重要原因，这对我国高校大数据教育管理有着重要的启发意义。

1. 制订策略规划

高校大数据教育管理发展战略规划是高校在现有条件和未来条件下，如何更好地实现战略既定目标所采取的措施。我国高校要加强大数据教育管理发展的顶层设计，就必须要制订大数据发展战略规划，这样才能做到胸有成竹。美国高校在此方面也有较好做法值得学习：马里兰大学 IT 规划的两大关键问题是资金来源及决策机制。在资金来源方面，其构建了全校性的以集中为主、适当分权的长效 IT 投资机制，以保证资金的高效分配和投资；在决策机制上，采取多群体参与的 IT 治理结构，从 IT 治理结构、多用户参与的 IT 评估体系 (院系主任、行政主管、教师、研究者、管理者、IT 员工、本科生代表、研究生)、CIO 身份与角色定位 (既是高峰级管理者又是教师的双重身份或能力) 三个方面来解决。正是基于用户主导、各群体广泛参与、民主治理的模式，使得马里兰大学的"IT 战略规划"成为全校性的共同愿景，从而降低了在实施过程中来自用户的阻碍。高校大数据教育管理变革是一场"自上而下"的变革，这要求我国高校管理者在制订大数据战略规划时，要用战略的眼光、可持续发展的原则和开放协同的思维去行动。高校大数据教育管理发展要以建设"绿色、节能、智能、高效"的智慧校园为目标，对利益分配、资源统筹、平台搭建、治理结构、评价激励等方面进行精心设计和规划，要突出人与技术的深度融合，体现"大技载道"的技术智慧和技术人性，要激发各方的参与积极性和主动性，最终促进高校教育管理质量和效益的提升。

2. 加强组织领导

专门的教育信息管理机构是必要的。2012 年，教育部成立了"教育部信息化领导小组"。同年，教育部成立教育信息化专家组，用以指导全国教育信息化推进工作。国务院 2015 年印发的《纲要》对教育信息化机制建设提出明确要求："在各级各类学校逐步建立教育信息化首席信息官（CIO）制度，明确一名分管领导担任首席信息官，全面统筹本单位信息化的规划与发展。要明确教育信息化行政职能管理部门、业务应用推进部门、技术支持部门等各主体在教育信息化建设应用格局中的责任与义务，建立教育信息化和网络安全问责机制，确保教育信息化的健康、有序发展。"从宏观上看，高校要将信息化、智慧化与现代大学治理紧密结合起来，促进信息技术与教育教学和服务的深度融合。高校信息化领导机构需要重新调整，信息化部门要从单一的技术管理型向技术型与管理型并重的方向转变，加强海量数据的分析利用，充分发挥其潜在价值。对此，我国当前急切需要探索首席信息官（CIO）的运行模式，统筹高校的信息化规划、系统建设、应用推广和业务协调等工作，在二级学院、单位和部门均设置专门的信息员岗位和人员，使信息化嵌入到高校的每一个单元之中，尝试推进两级信息建设（信息员制度、学院试点制）。2016 年 6 月，教育部《教育信息化"十三五"规划》明确提出，要建立"一把手"责任制，逐步建立校领导担任首席信息官（CIO）的制度，全面统筹本单位信息化规划与发展。华中师范大学校长杨宗凯在"中国高校 CIO 论技"上提出，"信息的核心就是利益重组与流程再造，只有确立了 CIO，才能真正实现重组。"美国超过半数的大学均设有专职的首席信息官（CIO），参与制订学校战略性发展规划，为学校科学决策和科学管理提供信息服务，设计和管理学校技术服务与应用，建立信息技术与大学变革之间的桥梁。美国 EDUCAUSE 早年间发布的调查显示，"独立设置 CIO 职位（参加学校决策，具有副校长级别的权限和责任）的学校占比 39.3%，副校长具有 CIO 头衔的比例为 16.18%，教务长、校长等具有 CIO 头衔的比例为 6.93%，技术部门主任具有 CIO 头衔的比例为 28.9%。"这对我国有一定的借鉴意义，不管是独立设置的 CIO，还是兼职 CIO 头衔，都要根据各校实际，关键是要发挥他们在学校决策战略中的"核心"作用，必须能够影响大学决策，这样才能真正实现管理上水平、管理智慧化。一个称职的高校 CIO 必须具有复合能力，包括系统规划能力、信息化教学和课程改革领导能力、教师专业发展领导能力等。在工作态度上，高校 CIO 要积极主动，不能等待 CEO 来灌输发展战略、业务部门来反馈 IT 需求、下属来汇报系统问题，而是积极主动地向 CEO 提供决策影响，且不断提高影响力。在工作内容上，高校 CIO 不仅要关注技术，更要关注业务。IT 的业务价值在于一是业务运营、二是业务增长、三是业务转型，如果不关心所在机构的整体业务目标和战略，那么就无法提出引起领导层兴趣的方案。在工作创新上，高校 CIO 要学会变革管理。总之，高校 CIO 一定要积极推动创新，不管是技术创新还是应用创新；一定要主动研究变革，不论是技术变革还是研究组织变革；一定要关注目标，不仅是 IT 目标，更重要的是高校总体发展目标。

3. 明晰发展架构

麻省理工学院的 OCW 项目目标定位清晰、体系结构合理，OCW 项目总监行政部门的出版组、技术组、评估组、沟通组四个职能团队各司其职，保障开放课程的顺利实施。课程的整个发布过程流水线性进展，从课程登记到课程资源准备和设计到内容的格式化和标准化、建立课程站点、初步评价、阶段发布、故障排除和完善等，各环节紧紧相扣，流水线化保证了工作效率的提高，降低了项目运作成本，从而整体推进了工作进度。同样，我国高校大数据教育管理发展必须有一个清晰的架构，才能使数据采集、管理、使用、维护等各环节衔接有序、运转顺畅，从而促进学校各项事业可持续发展。我国高校要借鉴发达国家高校大数据教育管理发展的经验，依据国家《纲要》的精神，制订符合学校定位与发展实际的大数据发展规划。坚持业务导向和问题导向，坚持建设与运维并重，要提出具体明确的大数据发展战略规划目标，要在广泛调研的基础上任务聚类，要提高制度建设、规划方案的科学性和可操作性，考虑全员的利益，加强需求调研的广泛参与和透明性，让数据中心的建设效果最大化。

（四）完善大数据教育管理制度规约

美国和欧盟在实施大数据战略的同时，也实施了限制举措，欧盟以苛刻的数据保护条例来保护公民的个人信息不被侵犯，美国法律严禁公司或运营商对公民个人信息进行销售。总体上看，信息技术给高校教育管理带来的种种机遇和变革的"利"远大于目前还未出现或者初显的"弊"。各级政府对于大数据、云计算在高校中运用的态度应包括"促进"和"规范"两个维度，一要通过法律法规促进高校教育资源共享平台、数据平台的建设和开放，二要通过法律法规进行大数据利用和交易的规范化，从而保护个人隐私、保护数据安全。"促进"和"规约"是车之两轮、鸟之双翼，对于高校大数据教育管理发展也是如此。

1. 建立完善的大数据制度体系

高校大数据制度的制订推动教育管理制度体系的整体变革。在高校大数据制度生态中，包括两类制度，一类是规范制度，一类是促进制度。近几年来，我国 85% 以上的"211"高校都制定了大数据管理办法，如西安交通大学 2014 年 11 月发布实施的《西安交通大学信息化数据管理办法》，对数据的管理机构和数据的产生、运维、存储、归档、使用、服务等管理过程进行了详细规定，坚持统一标准、全程管控、安全共享的原则，保证了信息化数据的完整性、规范性和一致性，为学校教育管理提供了高质量的信息服务；《清华大学校园计算机网络信息服务管理办法》《北京大学慕课运行管理条例》《武汉大学数据管理办法》《中山大学信息网络管理规定》《西北农林科技大学数据安全管理办法》《东北师范大学数据管理办法》《华南师范大学信息系统数据管理办法》等，都体现了高校对大数据管理规范化、科学化、安全化的共同诉求，这些制度可算作是规范高校大数据教育管理的制度。另一类制度就是高校大数据教育管理的促进制度，包括对教师的保护、激励制度，师生实时、完整、真实而准确信息采集的鼓励制度等。目前，我国高校不论是规约制度还是激励制度，都处于探索阶段，已经制定的大数据教育管理制度都缺乏完整性、系统性、稳定性及可持续性，表现为某一阶段的应急之策，甚至存在高校为"大数据"而"大数据"的问题，如很多高校花巨大成本开发研究生管理综合信息系统，在数据采集方面花大力气进行部署，但实际工作中这些数据的价值充其量就是增大了数据库的量，并没有起到方便学生学习和生活的作用，违背了大数据教育管理"高效、快捷、方便"的初衷。例如，毕业资格审查工作，高校一般要求学生发表指定级别期刊，这些期刊论文又要求以扫描件形式传入网上系统，但是仍要求学生持期刊原件到办公室"验明正身"。这种现象的产生，原因可能有三种：一是软件应用系统不"科学"、不好用；二是学校管理人员对学生缺乏信任、对软件程序缺乏信任；三是学校管理人员观念落后、思维守旧。不管是哪种原因导致的结果，最终这种行为会在一定程度上削减学生对大数据应用平台和软件系统的"好感"，逆反的情绪产生虚假的数据，这不利于高校大数据教育管理的可持续发展。因此，高校在制订校本大数据管理办法的时候，应在遵循国家法律法规的基础上，根据学校实际、地区实际，制订具有可行性和创新性的制度，应考虑管理制度的稳定性和可持续性，在规范大数据教育管理行为的同时，积极促进大数据教育管理的变革。

2. 解决大数据建设有关争议

高校大数据管理制度主要包括采集制度、存储制度、使用制度、公布制度、审查制度、安全制度等。形成完善的制度体系是一个过程，当前高校这些制度的建立处于探索阶段，存在诸多争议：一是在采集制度方面，存在着知情权与告知义务的明确规定是否必要的争议。二是在存储制度方面，存在存储期限的争议，哪些数据需要设定短期存储、哪些数据需要设定中期存储、哪些数据需要设定长期存储、哪些数据需要设定永久存储。当然，保存期限与数据的性质及存储者所评估的数据价值相关，但是主观评估价值都具有相对性，现在认为没有价值的数据也许未来价值很大。例如，如果按照现行规定，高考扫描后的答卷保存期为考试成绩发布后 6 个月，那么也就不会有某国家领导人 40 年前高考试卷这种珍贵档案资料的存在。三是在使用制度方面，存在着有偿使用还是无偿使用的争议。无偿使用，限于高校办学资金限制，但是有偿使用有悖教育的公益性，也阻碍数据的流转、传播与价值放大。四是在公布制度方面，存在着原始数据之争、安全之争、质量之争、价值之争、虚实之争。五是在审查制度方面，存在业务部门审查，还是技术部门审查，还是第三方审查的争议。数据采集后业务部门审查发布，则对数据质量不能保证，第三方审查或技术部门审查，因对业务不熟悉，只能从宏观或技术层面进行查错。六是在数据安全制度方面，存在究竟人防和技防哪个更可靠的争议。高校必须高度重视这些大数据制度争议，并努力予以解决，否则高校大数据相关制度的制订将无从下手。高校制订数据安全管理办法的核心内容应包括：建立数据安全管理的部门架构；建立数据资源的保密制度、风险评估制度；采用安全可信的产品和服务，提升基础设施关键设备的安全可靠水平；采取数据隔离、数据加密、第三方实名认证、数据迁移、安全清除、完整备份、时限恢复、行为审计、外围防护等多种安全技术等。

3. 加快制订大数据相关标准

国家教育事业发展"十三五"规划要求"广泛应用区域教育云等模式，积极推动各级各类学校建设基于统一数据标准的信息管理平台，实现各类数据伴随式收集和集成化管理，形成支撑教育教学和管理的教育云服务体系"。数据的价值通过数据共享来实现，但是高校教育管理大数据的异质性给数据共享带来挑战。因此，需要鼓励提高智慧教育设备的高互操作性、源数据和接口及标准的可共享性，从而提高数据的可访问性和价值增值。教育部 2012 年发布了《教育管理信息教育管理基础代码》等七项教育信息化行业标准，这为高校教育管理大数据标准的制订提供了指导和参考。目前，高校之间、高校内部普遍存在数据不兼容、不统一、无法共享的问题。高校大数据标准制订的前提是遵循国家标准和行业标准，即国家大数据标准和教育行业标准，这样才能既保证高校内部各类数据之间的统一和共享，又能与学校外部的各类教育数据进行集成与共享。高校数据标准应具有可行性、适用性和延展性：可行性和适用性的要求保证大数据标准从高校业务实际出发，具有切实可用的价值；同时，高校又要立足长远的教育变革，使数据标准具有延展性。另外，高校在选择大数据技术合作伙伴时，不仅要顾及其技术能力及业务领域的成熟度，同时要考虑技术方案与现有数据及标准的兼容性。特别是学校内部或高校之间的资源采取标准接口和协议，并对异构的、动态变化的教学资源进行整合，这是建立共享机制的基础。虽然高校数据标准应根据国家数据标准进行，但是在国家教育管理大数据标准出台之前，高校不能消极等待，而是应该积极主动地组织教育管理大数据方面的专家和业内人士进行提前谋划与研制。

（五）促进大数据教育管理协同发展

凡是成功的大数据教育管理案例，无一不是多部门单位协同的产物。麻省理工学院（MIT）秉持"卓越、创新和领导才能"的价值追求，坚持"提升知识、传授科学和其他领域的知识，使21世纪国家和世界变得更美好"的办学目标，自2001年开始，实施开放课程计划OCW（opencourseware）。这个计划延续了美国高等教育分享的理念，其追求开放的、优质的、方便可获取的教育资源最大化。麻省理工学院也是开放教育和网上教育的先行者，其OCW行动对世界教育产生深远的影响。OCW的成功是多方合作的结果，这种多方合作的机制使其能够集合多方的优势资源，包括项目基金会的运行、项目评估的支持以及厂商合作的支持。我国高校大数据教育管理建设也要协同政府、企业、高校及研究机构的力量，共同促进高校教育管理的智慧转型。

1. 政府宏观引导

在高校大数据教育管理协同机制中，政府主要在政策法律法规、资金投入、协同科研、标准制订、考核评估和宣传奖励等方面发挥宏观指导作用。首先，国家要加大相关立法和标准制订的力度。促进高校大数据教育发展的法律法规包括两类：一类是规范法律，另一类是促进法律。高校大数据教育管理生态系统中的关键因素当属隐私、安全和道德问题。对于隐私的保护、安全的保障和所有权的澄清是大数据技术应用不能回避的挑战，必须正视且合理解决，以促进大数据技术的正确使用而不被误用、错用，促进其工具理性与价值理性的统一。目前，我国高校在促进网络学习的考试制度、诚信制度、评价制度方面还是空白，需尽快出台。普通教育与职业教育和继续教育的沟通有赖于终身学习成果认证体系及学分累计及转化制度的建立。对于诚信问题的解决，可以借鉴Coursers依靠网上监考技术、凭借打字节奏判断学习者是否本人的方法，也可以借鉴ETS英语四六级在线考试的改革方式，联盟高校相互设置考点，学生就近机考。要完善大数据制度规约，寻找发挥高校大数据价值、规避大数据技术风险之道。一是我国政府要建立健全数据的采集、审查、公布、存储、使用、保护制度，平衡管理创新与隐私保护、数据规范与自由发展。二是我国政府要加大对高校教育管理大数据技术研发的资金投入，重点在人工智能、实时处理海量数据及数据可视化分析及应用方面。三是我国政府要实行改进购买、使用和审核的分离，提升"信息化建设项目"的可持续性；要坚持集约化，提升投资绩效；推动机制创新，推动信息技术与高校教育教学深度融合。四是我国政府要实施智慧教育重大应用示范工程。

2. 社会积极参与

《纲要》指出，到2020年，培育10家国际领先的大数据核心龙头企业，500家大数据应用、服务和产品制造企业。高校大数据教育管理发展离不开社会力量的参与，高校要与企业协同，发挥各自优势，共同研发教育管理大数据技术和培养大数据人才。2016 年 12 月，国家发改委确定了 19 个国家工程实验室、8 个互联网＋领域国家工程实验室。其中，互联网教育关键技术及其应用国家工程实验室名列其中，由全通教育集团（广东）和北京师范大学共同承担；11 个大数据领域国家工程实验室，其中，教育大数据应用技术国家工程实验室由华中师范大学承担。这些国家工程实验室除了清华大学、西安交通大学和深圳大学等高校，还有百度、奇虎 360、圆通速递等重要企业，以及中国科学院计算机研究所、上海数据交易中心有限公司等单位。"十三五"期间，教育部继续深入开展与中国移动、中国电信及中国联通三大电信运营商的合作，这是政产学研协同育人的良好举措。实际上，在校企合作方面，各高校已进行了有益的尝试，如西安电子科技大学与 360 公司合作，以西安电子科技大学网络与信息安全学院以及国家网络安全人才培养基地平台为依托，共建西电——360 网络安全创新研究院。目前，与 360 公司展开合作的高校有北京大学、武汉大学及西安交通大学等高校。我国高校要加强与企业合作，结合本国、地区及学校的实际，联手打造具有本土特色的智慧教育方案，建立高校大数据技术与安全保障体系，以技术、方案、服务和运营推动教育服务市场发展。同时，高校自身也应利用自身对教育教学管理业务熟悉的优势，依托学科、专业，结合教学实际，研发相关大数据产品。最后，还要借助社会力量促进高校教育大数据技术成果的推广和应用。目前我国规模最大、最权威和最具影响力的教育成果展是中国国际智慧教育展览会（SmartShow）。中国国际智慧教育展览会从 2014 年开始在北京举行，目前已举办三届，是我国首个专注教育信息化的展览会，旨在促进信息技术领域与教育教学领域的融通，集合依托政府保障、传达权威学术、专业化商业运作的实力化展现方式，打通教育信息化发展"最后一公里"。2016 年该展览会仍由教育部直属单位中国教育学会主办，《中国教育学刊》杂志社、北京国新署报刊信息咨询中心和雅森国际展览有限公司承办，展商近 300 家，并集中展示了 30 个教育信息化示范校自主建设的真实案例，三天累计参观 3 万多人次，全国 30 多个专业观众团参加。这次展览会着眼于为智慧教育提供一体化、一站式的解决方案，更加注重为学校设计整体性的系统平台。展览会定位高大上，产品代表前沿和发展方向，但是观众多是"心动"，离付诸行动还有一段距离。同时，全国各地不同规模、不同类型的智慧教育展览会举行得不多，少数省区有相关展会，但也局限于小范围交流。因此，寻找阻碍智慧教育方案推广的原因，推动方案落地，政府、高校和企业还需要付出更多。

3. 开展国际合作

我国高校教育管理必须抢抓机遇、博采众长、知己知彼，方能实现跨越发展。发达国家在教育、经济、科技、人才及国家综合实力上具有先天优势，因此它们抢得了大数据教育管理发展的先机，并积累了一定的经验，这对我国高校大数据教育管理具有重要的借鉴价值。美国使大数据在商业领域发挥了"点石成金"的魔力，也是首个将大数据上升为国家战略的国家，同时还是最早启动培养面向未来的大数据人才的国家。斯坦福大学、伯克利加州大学及迪肯大学等都开设了诸如机器学习等全新的、为培养下一代的"数据科学家"的相关课程。此外，韩国、新加坡、日本、加拿大、欧盟及以色列等国家和地区的智慧教育已取得初步成效。因此，我国高校要建立国际交流与合作平台及机制，避免走错路、走弯路，促进走对路、少走路、大超越。首先，我国高校要加强在大数据教育管理技术方面与国外高水平高校的合作，增强我国大数据关键技术、重要产品的研发力，拥有技术主权，避免技术垄断与殖民。其次，我国高校要加强在学科建设及人才培养等方面与国外的交流与合作。再次，我国高校要坚持网络主权原则，积极参与数据安全、数据跨境流动等国际规则体系建设，促进开放合作，构建良好秩序。最后，高校教育管理的变革是一项系统工程，牵一发而动全身，面对全球智慧教育的发展潮流，必须保持理性，既不能跟风，也不能坐失机遇。国际上的智慧教育方案大都处于边研究、边实践、边应用的阶段，企业开发的产品基本上都是第一代，虽然体现了智慧教育的愿景，但是还不具备大面积推广的价值，我国高校大数据教育管理方案也存在这些问题，这也是我国智慧教育展为何仅是"秀"的韵味更多一些的另一原因。总之，我国高校在学习借鉴国外高校大数据教育管理成功经验的同时，要用批判的眼光和战略的思维，提出适合国情、能够解决实际问题的本土智慧教育方案。

（六）创新大数据教育管理分享机制

高校教育管理数据资源开放程度越高，产生的价值就越大，没有共享和开放的数据，只能是一堆没有生命和意义的数字。高校教育管理公共数据资源统一开放的程度包括低、中、高三度，高校公共数据资源低程度统一开放仅限于部门内部，中等程度公共数据资源统一开放限于地区，而全国统一开放的高校教育管理数据库则是高程度的，当然更高程度的统一开放是面向全球，从而达到人类知识信息的共享。

1. 采取分步实施、逐步推进的方式

公共数据服务作为未来新兴产业，正逐渐走向集成、动态、主动和精细的发展阶段，但是在数据公开方面，引导潮流的很难是个人或企业，显然，代表公共利益的政府应是数据开放潮流的引领者和规则制订者。《纲要》指出，制订公共机构数据开放计划，要在 2017 年年底前形成跨部门数据资源共享共用格局；2018 年年底前建成国家政府数据统一开放平台，率先在信用、交通、医疗、教育、科技等重要领域实现公共数据资源合理适度向社会开放；2020 年年底前，逐步实现信用、交通、医疗、卫生、就业、教育等民生保障服务相关领域的政府数据集向社会开放。开放共享是大数据价值的生命线，高校作为社会思潮和先进文化的创造者和传播者，思想开放、兼容并包是其应有的品质。但是目前高校开放和共享意识还不够，除了部分"211"高校尝试资源共享、学分互认，高校"马赛克"现象还比较严重，诚如院士邬贺铨所言：一些部门和机构拥有大量数据，但以邻为壑，宁可荒废也不愿意提供给其他部门使用，导致数据不完整或者重复投资，浪费了大量人力、物力、财力。大数据时代已经来临，我国需要共享精神。我国高校大数据共享机制的建立也可采取分步实施、逐步推进的方式，在保证数据安全的前提下，先强制后自觉，逐步冲破部门、学科、专业、行业、领域等之间的藩篱，不断推进高校教育管理大数据实现更高程度上的开放、共享和应用。

2. 建立利益共享的激励机制

高校大数据教育管理发展是一项系统工程，需要建立多方参与、无缝对接的合作共同体。推进高校大数据教育管理面临的阻力有很多，包括资金、技术、人才及体制机制等，其中体制机制是关键，利益共享是各方密切合作的动力。这个合作共同体也是一个利益共同体，不同的利益诉求、相同的求解方式将多方联结在一起，所以建立健全利益共享机制具有"射人先射马"的战略意义。在国内大部分高校的开放课程建设投资中，占比较多的是政府和高校投资，社会公益投资很少，大数据教育管理的成本分担机制没有形成。要构建多方融资的渠道，就必须要有合作方各自利益点的发掘。有些高校已经尝试实行学分互认，为了长期可持续合作的需要，建议可以尝试推行完全学分制，或者在目前不完全学分制的基础上，对各门课程学分估价，对于依托合作高校在线课程修满的学分可以给合作高校适当费用补偿。另外，建议建立科研数据的分级共享机制。对于造福全人类的科研数据，建议建立数据开放共享的激励机制。国家在宏观政策的引导上，对于致力于推进知识传播、文化发展和社会进步的MOOCs资源进行经费补偿；设立智慧教育进步奖，对于推进大数据教育管理的相关教师及管理者进行表彰奖励，甚至鼓励学校内部实行教师职称评聘等制度改革，对大数据教育管理相关奖励予以肯定和倾斜；在国家高等教育教学成果奖的评选导向上，建议将高校大数据教育管理作为未来教学成果奖评选的重点内容之一。

（七）构建大数据教育管理评价体系

教育数据"资产"无疑是智慧教育构建的基石，只有建立科学的评价机制，才能推动从数据采集到数据利用的"一体化"发展，实现智慧教育的良性循环发展。ACU、OCW及英特尔未来教育项目无一例外地给予评估活动高度重视，在制度、资金及专家、人员等方面给予保障，这带给我们诸多思考。

1. 建立完善评价体系

OCW 在组织架构上，将评估咨询委员会作为 MIT 院长办公室下面重要的一级机构，建立一个专门的评估团队，设计一个集项目评估和过程评估于一体的评估体系，并分别制订了评估档案。项目评估侧重评估课程的访问情况、使用情况和影响情况；过程评估考察 OCW 实施过程，评估其工作效率和效果。项目评估与过程评估体系相结合的方式，有助于评估团队全方位了解项目的实施和进展情况，以便制订相应的改善措施。另外，ACU 也高度重视评估工作，对移动学习项目进行持续监测和评估，每年都会发布移动学习报告，为学校下一步科学决策提供依据。我国高校应加强督导，形成对高校大数据教育管理的评价机制和反馈机制。要加强大数据教育管理评价体系的顶层设计，将大数据基础设施和制度建设作为高校的基本办学条件之一，纳入学校的基本评价指标体系之中。同时，建立高校大数据教育管理建设和实施过程中各个环节的具体评价体系，做到"无事不规划、无事不评价、无事不反馈"。高校大数据教育管理建设指标体系的设计要突出教学的中心地位，坚持效果评价与过程评价相结合的原则。

2. 建立完善评价方式

英特尔有一个明显的特点，就是强调评估的重要性，从开始就实施评估流程。这种评估和跟踪体现在新计划的规划与设计流程中及财政预算与人力资源的分配上。他们认为，只有当评估结果出来后，才能做出关于开发方向的决定。英特尔未来教育项目斥巨资进行教育评估，其采用第三方客观评价的方式进行。我国高校大数据教育管理中，也要重视各种规划或工作的实施情况，进行阶段性和总结性评估，评估其实施状况与实施效果是否达到了最终的目标。我国高校要建立量化督导评估和第三方评测制度，将督导评估结果作为相关人员奖励和问责的依据，以提升学校发展教育信息化的效率、效果和效益。我国高校在大数据教育管理建设中，既要关注整个数据治理的全流程管理，又要关注数据分析和利用的效果评价，通过对高校数据采集、数据全流程管理、数据质量、数据治理能力、数据利用等各个环节的项目评估、过程评估和效果评估，促进高校大数据教育管理各个环节的改进。这是一个长期的持续优化和迭代的过程。

（八）强化大数据教育管理师资培养

人，是第一位的生产要素。加强专业人才培养，建立健全多层次、多类型的大数据人才培养体系，是未来中国大数据战略的重要人力资源支撑。《纲要》指出，要"创新人才培养模式，建立健全多层次、多类型的大数据人才培养体系"。由于信息化的技术特征决定了人才投入是更具决定性的因素。大数据治理的核心是人，人既是大数据技术价值的追求者，又是大数据隐私的主体和捍卫者。专门的工作队伍建设是高校大数据教育管理发展的重要人力资源保障，高校大数据人才应当是"技术背景＋管理教学专家"的双重身份。然而，目前我国高校大数据人才的现状是教师数据素养普遍不高对新媒体技术重要性认识不足及技术运用能力较低。我国高校大数据师资队伍建设可从以下几个方面着手：

（1）改革培训体系

教师是大数据时代"更加成熟的学习者"，教师和学生之间是相互协作的关系。高校在大数据人才培养方面具有特殊使命，不仅要培养数字公民，对于教育者自身的信息技术能力的要求也很高。大数据时代教师角色将发生巨大转变：由传统的"知识占有者"向"学习活动组织者"转变，由传统的"知识传授者"向"学习的引导者"转变，由"课程的执行者"向"课程的开发者"转变，由"教教材"向"用教材"转变，由"教书匠"向"教育研究者"转变，由"知识固守者"向"终身学习者"转变。大数据时代，高校教师的信息素养包括对信息的收集和处理能力及运用信息技术进行专业教学和提升的能力。我国要在"十三五"期间"建立从业人员的岗前培训和岗位继续教育制度，提高全体人员的网络安全意识，提升从业人员的职业技能和水平"。借鉴美国及英特尔的教师培训项目经验，我国高校应建立并完善教师专业发展培训课程体系，重新设计教师职前培训项目，将原有的一节技术课程转变为可以使教师深入运用技术的教师职前培训课程。要改革职后培训项目，使其内容紧跟时代潮流及教育改革潮流，能够与时俱进地反映学生发展的根本需求。教师职前培训课程体系建议设置"基础课＋专题课＋核心课题＋自选课"的课程模块。另外，课程体系也不应千篇一律，而应根据不同的培训对象采取不同的方案，差异化的培训课程和教材才能更加有效促进全体教师的大数据素养。对于职后教师的培训而言，需要学校根据教育管理工作的需要和教师的特点进行，要采取个性化的培训方式，即"按需培训""多元培训"及"个性化培训"。

（2）创新培训方式

对高校教师的培训，从内容上来讲，不仅包括大数据技术，更包括大数据理念、大数据思维。英特尔未来教育项目的主要授课方式就是三种模式：人－机交流、机－机交流和人－人交流。在互联网、大数据技术背景下，高校教师必须具备基本的信息素养和大数据素养，熟练掌握并运用新技术促进教学革新。在人与人交流模式中，合作、体验的特点得到彰显；在模块化的学习中，创新的思维得到彰显。对高校教师大数据素养的培训不能期望一门信息技术教育基础课程能够"包治百病"，要将信息技术能力培养与课程、具体准备项目相融合。实施教师准备项目，确保教师按照有意义的方式掌握技术，模拟如何选择和使用恰当的 APP 工具为学习提供支持，并能评价这些工具的安全性和有用性。高校要在培训中贯穿自主、交互、探究、体验式的学习活动，充分利用网络平台开展研讨和交流，让教师体验新的学习方式，让他们日后将所学运用于自己的教学中。

（3）协同多元力量

高校教师大数据素养培训主体有三个：一是教育行政主管部门，二是信息技术提供商，三是高校。按照《纲要》要求，要建立协同机制，充分利用社会资源，加强对高校教师大数据能力的培养。高校可依托政府培训项目，遴选教师参与培训，建立大数据人才库；与大数据技术公司、大数据应用公司及大数据培训公司等企业合作，如数据堂（北京）科技股份有限公司、腾云天下科技有限公司、华为科技有限公司、阿里巴巴、百度、尚观大数据教育培训机构等，不断提高教师信息技术使用能力、大数据分析能力及教育教学改革创新能力。或者在国内设立培训基地，建设试点高校，充分发挥其对其他高校教师发展的辐射和示范作用。同时，要加强国际合作，可与美国、英国、韩国、日本等智慧教育领先国家加强合作，双方互派培训人员，相互学习、相互借鉴，从而推进我国高校教师大数据素养不断提升。当然，高校除了要提升教师的大数据素养，还应提升学生的大数据素养。高校教育教学活动是师生共同参与的活动，具有"双主体"的特点，任何一方的大数据素养不高都会影响大数据教育管理的顺利进行。正如学者所说，智慧教育是一种"人机协同工作系统"、人和技术协同作用而构成的教育系统，人是技术的主宰。

第三节　大数据与教师数据素养构建

数据素养是一种比较复杂的系统化的综合能力，它涉及很多学科领域，数据素养的关键因素主要集中在数学统计和计算机领域，数据分析和相关工具决定了数据是否能够被有效地利用，而批判性思维则贯穿于数据处理的整个过程。

教育数据背后隐藏的信息能够客观地反映出教育中的潜在现象和存在的问题，是教师制订科学的教育教学方案、实施教育教学决策的重要根据。当学校充满了电子表格、报告、个人档案、书籍以及调查数据库时，教师需要科学合理地在复杂的教学环境下对教学做出观察、测量、干预、评估和决策。而要解决如何深入地了解学生、了解之后又需要做什么、对谁做等一系列问题，只有当教师具备了一定的数据素养时，才有可能"让数据来说话"。关于教师数据素养的概念，国内外研究者都提出了各自的观点和看法，有学者将教师数据素养视为一种综合性的能力；也有一些学者认为，教师数据素养是一种内在的意识；还有学者认为，教师数据素养就是教师对教育数据的操作技能，强调对技术的应用。

通过对国内外的教师数据素养模型的分析，本书提出了国内教师数据素养的通用模型，该模型将教师数据素养分为意识态度层、基础知识层、核心技能层以及思维方法层，如图 4 - 17 所示。

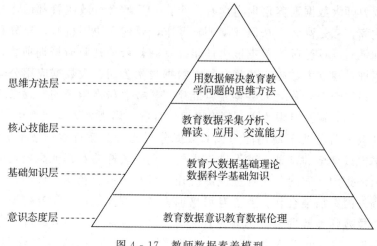

思维方法层 ------------------- 用数据解决教育教学问题的思维方法

核心技能层 ------------------- 教育数据采集分析、解读、应用、交流能力

基础知识层 ------------- 教育大数据基础理论数据科学基础知识

意识态度层 -------- 教育数据意识教育数据伦理

图 4 - 17　教师数据素养模型

一、意识态度层

意识态度包括教育数据意识和教育数据伦理。大数据时代，教育数据意识是教师利用数据优化教学的前提和动力。教师的数据意识是一种扩展意识，指教师在进行与教育数据有关的活动时所产生的一系列感受，以及基于这种感受积累所形成的对于教育数据的觉知力。具体包括数据敏感度、数据价值意识、数据保存与辨别意识、数据更新与共享意识、数据安全与保密意识。

此外，教师在教育数据应用过程中要遵守相关的法律、法规、数据提供方的规定以及一些约定俗成的规则；要尊重数据源，不得违规买卖任何教育数据，不能侵犯个人、单位、机构、社会、国家的教育数据隐私；要注意数据重用的版权与许可影响因素；教师要具有教育数据道德责任意识，要对不良、违法、违规的教育数据及使用行为进行监督和管理。

二、基础知识层

教师数据素养基础知识包括教育大数据以及数据科学两方面的知识。教师需要从理论层面对教育大数据有深刻的认识和理解，掌握有关教育大数据的基础知识，包括教育大数据的概念、特征，教育大数据的相关政策、动态、趋势以及教育大数据采集、挖掘、应用等。教师还要掌握相关的数据科学知识，如数据的类型、结构统计、分析、归类等。通过基础知识的学习，教师要能够了解教育大数据的采集与处理方式，能够识别不同类型的教育数据，并且辨别教育数据的结构类型，了解各种教育数据源及其获取方式，要能够对数据的质量和价值做出基本评估，了解不同数据结果的呈现形态，并能够选择出最适合的呈现方式，掌握数据驱动教育的相关知识、理论、框架等①。

三、核心技能层

核心技能主要是指教师对数据的实际操作，主要包括教师对教育数据的采集、分析、解读、应用和交流能力。大数据环境下，数据驱动的教学范式涉及教学的各个方面，教师需要通过数据隐含的信息来规划设计教学，实现教学反思和教学决策，优化教学，提高教育质量。因此，在现实的教学工作中，教师只有具备一定的数据操作能力，才能为数据驱动教学提供一定的实施条件。

数据采集能力是教师数据素养核心技能的基础，教师对教育数据的采集带有目的性、选择性。首先，对于已经存在的数据，教师需要具备从常见的数据库中获取数据的能力，如从所在单位的教学系统中下载、导出数据。其次，对于不能直接从现有数据源获取的数据，教师要能够设计合理的教学活动或教育评估方式，科学、规范地获取数据，如设计学习评估量表、观察学生的相关行为并进行记录等。教师还要具备数据采集工具的选择和使用能力，要知道不同的教育数据需采用不同的采集方式和工具，教育大数据常见的数据采集工具有录音笔、录像机、高拍仪、监控设备、教学管理系统等常规采集工具以及以教育机器人、智能穿戴设备、物联感知系统为代表的新型采集工具。数据分析能力是将教育数据转化为对教学有帮助的信息的能力。在分析数据前，教师首先要具备根据实际教学问题确定所要分析的数据对象和数据边界的能力；其次，要能够根据获得的数据类型、结构、分析目的以及实际的教学条件，选择最适当的数据分析工具；最后，要能够按照一定的数据分析原理，对数据进行整合、拆分、对比、关联、增维、降维等，并得出有用的教学信息。

数据解读要求教师能够构建教育数据与实际教学之间的意义关联。当教师面临简单的教育数据时，能够凭借自身的判断力和逻辑推理，结合相关的数据分析知识，对眼前数据包含的潜在信息进行正确解释，理解数据背后隐藏的有意义信息。对于复杂数据经过分析所呈现的数据分析结果，教师还要能够做出专业的解释，客观、准确地表达出数据分析结果所呈现的相关信息并给出结论。数据应用能力是指教师通过教育数据来解决实际问题的能力，即当教师在教育教学中遇到困难或需要解决问题时，能够积极主动地、有意识地通过相关教育数据的分析走出当下的困境。具备教育数据应用能力的教师，应当将"拿数据说话""用数据解决问题"视为一种教学的方法或范式，融入自己教学工作的方方面面，并以此来推进教学。具体说，教师要具备能够利用数据进行教学设计、

---

① 刘雅馨，杨现民，李新，等. 大数据时代教师数据素养模型构建 [J]. 电化教育研究，2018，39（02）：109－116.

教学实践、教学评估、教学反思、教学决策的能力。①

数据交流能力指的是教师利用数据与教育相关共同体进行沟通的能力。这种交流主要包括：①与学生和家长交流。一方面，教师要能够使用数据来告知学生有关自己的学习进展、学习水平等信息，让学生对自己的学习状态有客观、全面的理解和认识，以便开展下一步学习计划；另一方面，教师还要用数据来对学生的学习成长进行专业描述，以客观合理的方式与家长进行交流，并建议家长根据数据所反映出的信息对孩子进行个性化的家庭教育。②与同事、领导和自身的交流。教师要能够使用数据形成自己的教学日志或报告，这些数据报告能够有效反映出教师教学的过程、效果和经验。一方面，教师要能够使用数据来进行同事之间的交流，以促进教师间的有效协作和互相学习；另一方面，能够使领导者更清楚地了解教师的工作现状。此外，教师也可以基于数据对自己的教学进行客观的总结和反思。

四、思维方法层

思维方法层即教师通过数据驱动的教学研究和实践逐渐形成的用数据解决教学问题的思维方法，具体包括问题导向思维、量化互联思维、创新变革思维、辩证批判思维。

（1）问题导向思维。一般的教学活动都是在解决问题的过程中来实现教学目标的。问题的提出是考量教师能否带着思考对自己的教学行为进行理性分析的判断依据，是制约教师数据素养发展的重要因素。数据驱动的教学范式下，具备数据素养的教师能够有意识地从教育数据中发现教学问题，并以问题为导向来施行下一步的教学计划，调整教学策略，对学生进行干预指导。

（2）量化互联思维。量化思维下的教学要能够假设事物现象的各种特征、关系，并能够用数据合理地表示，再通过数学逻辑和分析揭示事物和现象的关系。在该思维引导下，教师要能够突破依靠习惯和经验实施教学的工作模式，有意识地使用并逐渐习惯用量化教学来发现数据下的教学事实，并且能够将这些事实与教学实践建立有意义的关联。

（3）创新变革思维。教育大数据目前还处于一个融合发展阶段，教师要逐渐形成利用数据进行教学创新和教学变革的思维模式。比如，当教师发现问题或遭遇教学难题时，不能只停留在被动查询现有解决方案的层面，而要依据科学的数据方法，尝试从数据中寻找解决问题的方案，探索性地进行数据驱动教学的研究或实验并验证其有效性，成为数据驱动教学的创新者和变革者。

---

① 李青，任一姝. 教师数据素养能力模型及发展策略研究 ［J］. 开放教育研究，2016，22（06）：65—73.

（4）辩证批判思维。对于教育大数据，教师要用辩证的眼光批判性对待，避免唯"数据"是从、盲目信赖数据，面对那些明显违背客观事实的虚假、错误数据要理性对待。在思想上要明确数据只能从某一个角度代表一些客观事实，但并不是全部。在使用教学数据过程中，可以将数据事实作为重要的参考，但不是绝对的标准。

第四节　大数据时代教科书研究范式的变革

近年来，世界各国着手支持和推动教育大数据的研究和应用。2015 年 5 月，《美国政府大数据计划》出台。2015 年 2 月，《投资美国的未来：为学生的 STEM 技能做准备》报告指出，继续支持"虚拟学习实验室"和"高级研究项目机构——教育"（ARPA——ED），其目的是通过推动大数据在课程与教学中的应用，加快"学会如何学习"的步伐。2015 年，国务院发布《促进大数据发展行动纲要》。2016 年，教育部发布《教育信息化"十三五"规划》。两者都要求发挥教育大数据在教育管理平台建设和学习空间应用等方面的重要作用。这对于积极适应信息时代和技术革命的发展趋势、推动教科书研究范式的转型和创新、发展基于大数据进行教科书研究的新范式和新文化都具有重要意义。

一、大数据时代传统教科书研究面临的挑战

（一）大数据时代对教科书研究者数据素养的挑战

大数据时代呼唤教科书研究与数据挖掘技术的深度融合，这是优化教科书研究质量、提升教科书研究效率和加强教科书政策制订科学性的必要途径。如何在纷繁复杂的教科书数据中寻找有价值的内容，对教科书数据进行深层解读和分析，利用数据科学地进行教科书评价和制订教科书政策，在大数据时代显得尤为重要。这便对教科书研究者的信息技术素养和数据分析技术提出较高的要求。而传统的教科书研究者大多是教育学科专家，缺少信息技术素养和数据分析能力，难以适应大数据发展的时代潮流，从而制约了现代教科书研究的深化和优化。不仅如此，传统的教科书研究方法论主要建立在教育学、社会学、历史学、文化学、出版学等学科基础之上，注重与人文社会科学研究者的合作，忽视了与自然科学研究者尤其是数据分析专家的跨界合作。教科书研究者运用互联网的意识和能力不足、研究队伍中数据统计和分析人才的缺失等问题，是大数据时代我国教科书研究中存在的主要问题。

（二）大数据时代教科书存在形态的变化对传统研究方法的挑战

互联网将进一步推动教科书的数字化、电子化、网络化、个性化，促进教

科书存在形态的革新发展，教科书在某种意义上将转变成收集和分析数据的平台，教科书研究对象也将从有限文本内容转变成无限数据信息。大数据时代的教科书研究离不开大量的计算机处理模式和数据分析方法。同时，各类依托互联网存储教科书内容及学生学习过程数据平台的开发、基于电子教科书平台的综合数据分析的教科书评价、个性化定制的学生学习支持系统的开发等研究问题广泛兴起，从根本上改变了教科书研究的对象取样、资料收集、分析比较、结果阐释等方法。大数据对传统教科书研究方法提出了挑战。比如，问卷调查和访谈调查常用于了解和分析教科书的使用情况，但是这些传统的调查方法不仅难以处理学生学习数据平台上的海量信息，而且无法针对学生使用教科书的情况提出精准有效的改进建议；内容分析法是在分析教科书文本时最普遍使用的研究方法，但是它只能选取有限数量的样本开展定量分析和定性分析，而无法满足大数据时代对海量数据文本进行内容挖掘的要求；实验法常用于了解学生使用教科书的真实情况和实际效果，分析教科书的适用性和有效性，但是它需要严格控制实验条件，受特定时空和条件限制，实验过程无法消除"霍桑效应"，实验结果具有滞后性，效度和信度难以保证，无法为教科书的改进提供及时的反馈和精准的建议。

（三）关注用户体验的大数据时代对教科书研究中忽视读者接受分析的挑战

在大数据时代，企业关注用户的个人体验和反馈，鼓励用户的积极参与和互动，并以此不断优化和改进自己的产品质量。例如，英国的培生集团、美国的麦格劳·希尔公司和其他出版公司共同开发的"课程精灵"系统，用于收集和处理学生使用电子教科书的相关数据，不仅有助于教师为学生提供个性化指导，而且可以帮助出版商在分析数据的基础上有针对性地改进教科书质量，提升自己在同行中的竞争力。长期以来，教科书研究注重教科书的文本分析，集中探讨了教科书中的道德意识、价值取向、性别偏见、人物形象等问题，而忽视了教科书的读者反映分析，缺少对学生学习教科书的体验、学生对教科书的理解和阐释、学生的学习接受效果等方面的研究。事实上，不同的学生对相同的教科书会有不同的解读，而传统的教科书研究忽视了学生的创造性理解能力、差异性认知过程、个性化学习能力。对此，维克托·迈尔－舍恩伯格批评道："我们对学生的学习表现进行打分，并要求他们对这一结果负责。然而我们却很少评价自己，更不会全面或大规模地对自己的教学进行评估。我们并未衡量所采用的教科书、测验和课堂讲解等教学内容与手段是否对学习有益。"事实上，"这种做法在其他行业是极不合理的"。①

---

① 王攀峰. 大数据时代教科书研究范式的变革 [J]. 课程. 教材. 教法，2018，38（01）：35－41.

二、大数据时代教科书研究范式的变革

（一）研究对象：海量数据飞速涌现

数据、资料的收集与分析一直是教科书研究的关键问题，以往对教科书文本的分析主要包括内容分析、故事分析、论辩分析、话语分析等方法，对教科书使用情况的分析主要采用调查、实验、访谈等方法。这些研究方法大部分采用抽样的方式，从总体中抽取有代表性的样本，从有限的数据中分析出普适性结论，研究结论的科学性往往受到样本代表性的影响。由于研究对象或研究数据是由研究者按照一定原则抽取的，因此，选择何种数据或哪些对象便成为一个主观性较强的研究环节，无论抽取的样本多么具有代表性，其误差都是不可避免的。

大数据的获取与分析有望为解决样本的代表性问题找到新的突破口。大数据不再通过分析少量的数据样本来间接地研究事物总体，而是采用了"样本＝总体"的全数据模式，通过分析与处理全部数据来直接掌握事物的发展趋势。在大数据时代，教科书研究没有必要进行抽样，收集和分析海量数据的技术为教科书研究提供了直接处理和分析全数据的可能性，基于大数据的教科书研究采用的数据基本上就是"自然数据"。这些数据不是通过抽样获取的，而是电子教科书自身记录的数据或师生在使用网络课程时形成的数据，这样可以最大限度地减少教科书研究的偏差。不仅如此，与有限的样本相比，大数据可以更清楚地展示出样本无法揭示的细节信息，从更加微观具体的层面揭示事物的本质。基于大数据的思维，教科书研究可以从文本内容、学生学习、师生互动等不同类型的数据着手，通过大规模与时序性数据的研究重构教科书研究的基础。

（二）研究功能：预测性分析成为可能

以往教科书研究多采用描述性分析。描述性分析是基于已有数据信息，通过运用一套整理、描述和解释数据的方法，对已经发生的事情做出定性或定量的描述。它可以将收集的原始数据经处理后转变成有意义的信息，揭示事物发展的现状和问题。比如，基础教育课程改革实施十年后，教育部组织研究人员对全国普通高中新课程教科书使用情况进行大规模调查，从教研员、教师和学生等不同对象中获得教科书使用状况的反馈，通过收集和分析资料对新课程教科书使用情况进行描述。这种大规模的调查收集数据的过程缓慢且滞后，往往需要等待研究对象在大量使用教科书后进行，研究数据缺乏时效性，而且数据获取的成本比较大，问卷的发放、收集和整理依靠大量人工完成，这样不仅不能及时地为教科书编写者和出版社提供与教科书编写内容相关的反馈，也不利于教育管理部门制订合理的教科书政策和开展有效的行政干预。

对预测分析的关注是大数据时代人类文化认知的重要特征。大数据不是有

待于研究者收集和挖掘的客观存在的对象，而是由能够产生数据的全新信息化生态环境带来的产物。进入这种全新的信息化时代，不仅意味着实时采集数据和高效存取海量数据的实现，而且意味着数据处理技术的极大提升和数据处理模式的多样化，这为提高预测的精准性提供了可能和便利。依靠大数据技术可以对新近的数据进行描述和挖掘，通过建立模型，发现事情发展之间的相关关系，帮助人们把握事物发展的真实趋势，并做出合理的决策。例如，美国2013年调查发现，美国高等教育面临着巨大的学生辍学的压力。在此背景下，西维塔斯学习（CivitasLearning）公司应运而生。这是一家专门聚焦运用预测性分析提高学生成绩和提升高校吸引力的新兴企业，它在高等教育领域建立起最大的跨校学习数据库，通过收集100多万名学生的数据记录和700多万门课程的数据记录，分析和揭示了大学生的学习成绩、出勤率、辍学率等主要发展趋势。这家公司的软件可以帮助教师和学生合理规划自己的课程和安排、有策略地制订目标、选择适合自己的课程，让教师和学生提前获知导致辍学和学业不良的警告性信号。大数据模型大大提高了对具体事件预测的精确度，对加强教科书设计、开发、预测工作具有重要作用。如何将大数据的预测性分析运用到教科书设计、开发和管理工作中，是我们需要思考的一个重要课题。

（三）研究思维：复杂跨界思维走向主导

受传统工业社会中机械还原论的影响，当前的教科书研究探寻的是构建经典学科的路径，通过借鉴和运用教育研究的思维方式和方法论，力图谋求边界明确的独特对象、独特学科范畴，构建一个逻辑严密的学科体系，确立自己独立的学科身份。为此，学者致力于在这种经典的学科思维范式下，推动教科书研究走向一门独立的学科形态，这种学科构建的思维呈现出单一封闭、主客分离的特征，由此造成传统教科书研究范式中科学与人文之间的长期分离和二元对立。尽管它曾经推动了教科书的研究，但是由于其局限在简单性学科思维之中，采用二元对立的研究方式，难以认识到教科书与社会、文化、政治、人之间的复杂关系，因而在某种程度上阻碍了教科书研究的发展和创新。

大数据时代带来思维方式的革命。大数据思维是一种复杂性思维，具有多样、相关、整体、动态、个性的特征。大数据关注认识对象的多样性，认为世间万物都可以通过数据化转变成为研究对象；注重事物的相关性，首先关注事物之间的相关关系而非因果关系；关注事物的整体性，强调把握与事物相关的全部数据而非少量信息；强调以动态发展的眼光来看待事物，加强对数据进行实时收集和分析；突出知识的高度语境特异性，实现事物的大规模个性化定制。大数据时代，教科书研究从简单学科思维转向复杂跨界思维。大数据的复杂跨界思维要求打破科学与人文的学科界限，鼓励教科书领域专家与计算机、互联网、大数据等方面专家开展跨学科合作，将新型的数据密集研究方法应用于教科书研究领域，推动教科书研究的科学化；大数据的复杂跨界思维要求教科书研究者应具备交叉学科的背景，能够开展一种真正打破学科界限的整合研究，能够将学科知识与数据技术有效结合，从不同角度对教科书问题进行研究；大数据的复杂跨界思维要求教科书研究者与大数据专家合作，开发出能够有效实现研究目的的实际操作工具和方法，将教科书研究和数据技术深度融合，真正实现定性研究与定量研究相融合、计算机方法与人工处理相混合，推动传统教科书研究方法的升级和革新，从根本上改变人们认知和理解教科书的方式。对此，克劳斯·施瓦布在《第四次工业革命》一书中指出，以人工智能、物联网、量子计算为代表的第四次工业革命的来临，要求我们成为聪明伶俐、左右逢源的狐狸，而不是眼界狭隘、目光短浅的刺猬。

（四）研究特征：数据驱动的特征日益突出

理论驱动型研究范式在当前教科书研究中居于主导地位。教科书研究建立在一定的社会学、文化学、教育学的理论基础之上，与社会文化立场和意识形态之间具有密切的关系，研究者以特定的理论立场和文化视角审视教科书问题，无论是人文理解取向的教科书研究，还是科学实证取向的教科书研究，都会自觉或不自觉地渗透研究者已有的理论预设、范畴体系和思维方式。二者的区别是，人文理解取向的教科书研究不排除个人的主观经验，认为个人的主观经验构成观察问题和分析问题的"视界"，主张通过个体与历史"视界"的自觉融合，形成对教科书的深刻认知；科学实证取向的教科书研究强调通过观察和实验来收集"客观证据"，然后在推导和统计的基础上形成对教科书内在规律的科学认知，但由于教科书存在于一定的社会文化之中，对其观察和实验也不可能绝对客观。在基于理论驱动的教科书研究中，研究者的理论立场或文化视角不仅影响其使用的研究方法，还决定着实质性的研究内容和结果。

大数据时代呼唤着教科书研究走向新的数据驱动型科学研究范式。大数据"让数据发声"，数据成为教科书研究的基础，教育数据挖掘为教科书研究提供了新的研究途径。"教育数据挖掘是一个将来自各种教育系统的原始数据转换为有用信息的过程，这些有用信息可为教师、学生及其家长、教育研究人员以及教育软件系统开发人员所利用。"数据驱动型教科书研究就是利用教育数据挖掘来寻找海量数据背后的规律、揭示事物之间的相关关系，并利用数据之间的相关关系理解和认识教科书问题。教育数据挖掘来自教育系统的独特数据，既包括师生在使用电子教科书或网络平台时产生的数据、学校在开展教学管理过程中产生的数据，也包括通过各类检索系统检索使用的科研数据库中的数据。数据驱动的教科书研究直接面向数据本身，不必提前进行某种理论假设，通过对海量数据的抽取、转换、分析和处理，提取辅助开展教科书研究的关键性数据，形成对教科书问题的新认识。在大数据时代，教科书研究要直面数据本身，这些海量数据是在自然条件下产生和收集的，没有被研究者"污染"，是对客观世界的真实反映。教科书研究不再需要进行理论预设，不再需要预设研究结果，而是通过对教科书大数据的全面收集、准确分析、合理利用，形成用数据说话、让数据发声、用数据发现科学知识和事物规律的新的研究途径。

大数据研究不会替代和颠覆传统教科书研究方法，它只是对传统教科书研究方法的补充，它代表着当代教科书研究的一种新型路径和新型取向。大数据研究并不意味着理论的终结和对因果规律的排斥，而是用数据规律和相关关系补充了传统的理论范式和单一的因果规律，它大大拓宽了教科书研究的领域和视野。

三、"大数据"时代教科书研究范式变革的路径

(一) 加强我国中小学教科书数据基础建设

"数据创建"是大数据时代推动教科书研究范式变革的基本前提。只有创建大型的公共教科书基础数据库，依托大规模在线开放课程的数据平台，才能产生标准化、可信度高、可无限获取的数据，才能成为研究者开展数据收集和数据挖掘的理想对象。美国哈佛大学教授克里斯·德迪指出，发展大数据技术，除了要确立通用语言，更重要的是共享存储和分析数据的基础设施，从而确保数据的互通性。虽然这件事情是一件单调乏味、耗费时日、不能获得直接进展的事情，但是它会带来巨大的长远利益。一旦共享数据的机制建立起来，公司被鼓励提供数据并与学者展开合作时，这将成为极其有益的事情。

大数据时代的教科书研究需要加强专业的教科书科研数据库建设。教科书数据库是将与教科书有关的信息资料转换成数字形式，存储于数据库中，研究者可以根据自己的研究目的，利用检索系统寻找数据库中的相关数据。这种数据结构良好，可批量采集，能大大提升教科书研究的效率和质量。德国、韩国、西班牙、意大利以及联合国的教科书研究机构大都建立了专门的教科书数据库。近年来，中国教科书数据库的建设也开始起步。比如，人民教育出版社创建了"中国百年中小学教科书全文图像库系统"，将清末时期、民国时期、中华人民共和国成立后"人教版"和各省、自治区、直辖市教科书进行数字化，形成了独具规模的中小学教科书研究资料中心。北京师范大学将馆藏的中华人民共和国成立前4700多册中小学教科书全部数字化，建立了"新中国成立前中小学教材库"。教科书的数字化为教科书研究奠定了初步的数据基础，适应了大数据时代教科书研究的发展趋势。但是，现有的数字化加工只能提供教科书的全文图像，它们只有通过人的阅读，才能转化成有用的信息，其中的词语和内容不能被检索和分析，难以满足研究者进行数据挖掘和深度分析的需要。因此，有必要加强我国中小学教科书数据库建设，将现有的数字化教科书进一步转化成数

据文本，使计算机能够识别教科书中的字、词、句等文本数据，以利于研究者对文本数据进行深度挖掘和专业分析。

（二）推进数据密集型教科书研究的方法和工具的研发

数据密集型研究是大数据时代占据主导地位的研究范式，加强教科书研究中大数据方法和工具的研发是推动教科书研究范式转型的重要途径。当自然科学和社会生活各个领域与大数据的关系日益紧密时，教科书研究领域也不应闭关自守、故步自封，而应主动借鉴发达国家的成功经验，将信息技术的最新成果应用到教科书研究之中。在大数据时代，教科书研究需要与互联网技术、计算机和人工智能技术深度融合，根据特定的研究目的和数据分析的要求，开发出能够满足研究需要的数据密集型研究的工具和方法。

数据密集型教科书研究的工具和方法多种多样，可以把其他科学领域中的大数据研究方法转化和应用于教科书领域。美国教育部在相关报告中指出，大数据在教育领域的具体应用主要体现为学习分析和教育数据挖掘这两种方法。为此，在教科书研究中，学习分析和数据挖掘方法可以用来分析网络环境下教师、学生、社会互动、教学环境等因素与课程内容相互作用时产生的数据，了解学生的知识基础、学习态度、学习动机和学习风格，改进教材内容的呈现方式和排列顺序，探寻有效合适的教学方法和教学设计。不仅如此，教科书研究还应大胆改革传统教科书研究中常用的内容分析、话语分析等方法，根据研究需要，开发和研制新的工具和方法。传统的内容分析和话语分析只能针对有限的样本数量和内容范围，无法满足大数据时代处理公共数据库中海量信息的要求。大数据时代的教科书研究可以引入语料库研究方法，语料库分析方法是在语言学、计算机科学和统计学等跨学科的基础之上建立的，是传统的内容分析和话语分析在大数据时代的升级。它可以通过收集运用话语片段建成的大容量的电子教材文本库，对教科书的文本内容进行全面而深入的研究，为教科书文本研究绘制出其在人类发展时空中的坐标系和发展轨迹。

（三）提升研究者跨学科的研究能力

虽然我国已经发布了促进大数据发展的国家行动计划，但是在教科书领域中开展大数据研究没有得到足够的关注，还存在种种实际困难。一方面，教科书研究者缺乏数据资源，难以获得海量的教育数据。同时，由于研究者长期接受的是人文社会科学研究训练，技术素养偏弱，数据意识不强，因而不善于引入计算机处理模式和分析方法开展教科书研究。另一方面，计算机专家或相关商业机构虽然掌握了海量的教育数据，但是缺乏有效挖掘、深度分析和充分利用教育数据价值的能力。从这个角度来看，组建一批既懂技术又懂专业的跨学科专业机构和跨学科研究团队，提升教科书研究者的跨学科研究能力，是推动大数据时代教科书研究范式变革的有力保障。

　　首先，构建跨学科研究团队，促进教科书研究者与计算机数据专家之间的合作。"在教科书领域运用数据密集型研究需要研究者开展跨学科的合作，通常情况，在某个领域中开发的数据密集型研究方法可以应用到其他学科领域，不仅可以节省时间和资源，而且可以有效推动各个领域的发展。"为此，应鼓励跨学科、跨领域的教科书研究，大胆借鉴和运用国际上先进的大数据研究方法，促进大数据方法与教科书研究的深度融合，并将两者融合中形成的理论和方法运用于我国的教科书研究，用新的理论和方法拓展教科书研究的思维空间。

　　其次，培养教科书研究者，尤其是青年学者的数据意识和数据分析能力、跨学科知识结构和研究能力，加强教科书大数据研究，促进大数据技术与教科书研究的深度融合。大数据是一门新兴的计算机科学，研究者只有了解和掌握这种新型的计算机技术，才能在未来的大数据时代掌握研究的主动权和话语权。对此，ChrisDede 大力倡导"培养资助研究生开展应用数字学习数据的研究"，并指出"由于大学的学术不仅是教授的工作，而且是研究生的工作，研究生也能促进研究团体之间的合作，甚至推动其导师去学习新的分析方法和提出新的问题。有一些正在开展数据密集型教育研究的最好的研究者就是研究生或最近的毕业生，其中许多人建立了可获得财政支持和培训的跨学科团体"。因此，通过方法培训和课题资助方式，鼓励青年学者或博士生面对真实数据，利用数据分析和数据挖掘方法开展研究，是一条提升研究者跨学科研究能力的有效途径。

　　（四）拓展理论基础与学科新方向

　　大数据时代，教科书研究范式的变革要求打破教科书研究中定量与定性二元对立的思维方式，探寻科学与人文深度融合的新理论、新范畴和新方法，拓展教科书研究的理论基础和学科新方向。

　　首先，重构理论基础。当前教科书审查委员会在审查和评价教科书时，更多关注教科书在学科内容组织上的科学性和准确性、教科书与课程标准的吻合程度、教科书的价值取向等问题，难以及时了解教科书的教学有效性、教科书与学生学习心理规律的符合程度、师生对教科书使用的反馈意见等。大数据技术改变了教育数据生产和收集的方式，重构了教科书研究的理论基础与方法路径。以慕课（MOOCs）、PLeGs、可汗学院为代表的大数据时代的新型网络课程，将学校、课程和教科书转变为收集和分析数据的平台。这些开放的教育数据平台对师生与系统发生交互作用的情况进行监测和记录，可以收集大量动态实时的教育数据。在这些海量数据的基础上，研究者可以用数据挖掘技术发现学生的认知发展和概念掌握情况、学生的情感投入、学生的元认知策略等，并据此形成和发展一种新型的基于数据的学习科学研究，为我们开展教科书评价和研究提供科学理论和崭新视角，为教科书的质量改进提供更有针对性的建议。

　　其次，探索研究新方向。大数据的出现和使用改变了教科书研究的实证基础，推动了定性与定量研究的深度融合，"教科书组学"这一新的学术方向将应运而生。2011 年，以美国哈佛大学让·巴蒂斯特·米歇尔为首的跨学科领域的学者与谷歌研究团队，合作发表了题为《运用百万数字化图书的文化定量分析》的论文。该语料库收录了全世界从 1600～2000 年间出版的 500 多万本书籍，涉及英文、法文、西班牙文、德文、中文、俄文、希伯来文等不同语言的 5000 多亿个单词。研究通过对关键词在语料库中的使用频率变化，揭示了词典编撰、语法进化、集体记忆、技术使用、追求名望、文化审查与压制等领域中鲜为人知的现象，从崭新的视角展示了 500 年来人类文化发展史的总体趋势。"文化组学"这个全新的研究方向由此诞生。从词源上看，"文化组学"（culturomics）是由"文化"（culture）和"基因组学"（genomics）这两个词合并而成，是指单个的词语好比人体的基因，正如基因通过不同排列可以构成功能复杂、形态迥异的人类机体一样，词语通过不同形式的组合也可以形成纷繁复杂、林林总总的人类文化。把"文化组学"的思想和方法引入教科书领域，将催生大数据时代教科书研究的新领域——"教科书组学"。教科书组学就是把教科书视为学校课程文化的有机体，教科书中的"话语"是课程文化的基因，通过考察教科书文本中的"话语基因"的数量、内容和变化来揭示学校制度和课程文化的发展趋势。基于越来越完善开放的教科书大数据，通过分析"话语基因"和词语频率，研究者可以获得以往不能获得的理论启示和学科知识，可以从宏观层面和崭新视角精准把握教科书研究问题。

第五节　创新大数据教育评价体系

高校建设和发展的最终目的是培养出高素质的人才，其最重要的辅助条件就是提升高校教学质量。因此，在大数据时代，想要构建完善的高校教学质量评价体系，就应该从传统教学模式出发，改良其中的缺陷，保证教学质量评价体系呈现出一个动态的发展过程，合理规划高校教育资源的同时，提升高校教育教学管理质量。

一、高校教育质量评价体系构建中存在的问题

（一）从学生的角度来讲

在高校教育教学中，学生是课堂的主体，只有在学生充分融入课堂情境的情况下，才能对教师的教育水平和教学能力做出客观而公正的评价。一般情况下，学生在期末考试之前通过账号和密码登录校园网，并根据所给出的教学指标和自身的教学体验，为教师进行打分。但是在评教过程中学生常常会因为非

教学因素对教师进行非客观的评价，例如，教师的仪表状态、严格程度以及和学生之间的互动等。将这些私人情感融入教学评价中，不仅无法真实反映出教师的教学水平，同时不利于学校以此作为教师资源调配的依据。

（二）从专业人士角度分析

高校每一学期在开展教学质量评价之前教务处都会联合校外督导组对不同专业教师的教学活动进行研究和考察，并通过课下交流和相互借鉴，使高校教师能够积极创新教学方法，提高思想认识。但是这些督导组成员在进行教学评价的过程中只尊重了教学中的一般性规律，而没有根据该学科的专业特点，并结合该专业学生自身的学习能力进行判断。因此，评价的结果也不够全面。

（三）从教师的角度来讲

高校不同专业教师之间的相互测评也能够为构建科学的教学质量评价体系提供依据，而且同行之间的有效交流，还能帮助彼此指出教学中的失误，从而提升学校总体教学质量。但是，在实践的过程中，由于高校教师日常教学任务繁重，因此在测评的过程中也没有深入到其他教师的课堂中，甚至仅凭印象打分。而且迫于人际交往的压力，评价结果基本为好评，这样也违背了构建教学质量评价体系的初衷。

二、大数据时代下高校教学质量评价体系构建的方法

（一）数据收集

在数据库建设完成的情况下，管理人员需要对高校学生和教师的行为情况和思想情况进行收集，并集结成数据。其中，对于学生来讲，包括学生的学习和选课情况、校园网使用频率、线上作业完成率、学生就业规划以及已毕业学生的岗位分配等。对于教师来讲，包括论文发表情况和职称情况、线上答疑和网上搜索记录。将这些数据进行分类并整理，可以挖掘出数据潜在的价值，从而为更好地促进教学质量评价提供依据。[①]

（二）数据存储

在各项数据获取完成之后，为了能够突出数据的有效性和时效性，需要平台管理人员对这些数据进行分类整理，并进行有效存储。整理方法基本包括分析内容法、分析话语法以及统计法等。在数据迁移的过程中，还需要对其真实性进行判断，清除其中大量冗杂和重复的内容，以保证真实有效的数据信息。在管理的过程中需要采取模块化管理的方式，以便于日后的数据更改和交换。

（三）构建科学的教学质量评价体系

在大数据模式的影响下，高校想要构建全面的教学质量评价体系标准，就

---

① 马星，王楠. 基于大数据的高校教学质量评价体系构建 [J]. 清华大学教育研究，2018，39（02）：38—43.

需要将该体系具体分为三个主要内容，即对教学目标、过程和主体三方面进行评价。在构建目标评价体系的过程中，应该以以往能够体现结果的数据为依据，对学生各专业学科期末考试成绩、教师对试卷的分析结果、学生参与校内外竞赛的获奖情况以及未来的就业规划方向等进行评价。测评过程中需要各专业教师之间的配合，整理不同阶段学生的学习情况、思想状态以及和教师之间的互动等，将这些内容形成文档，上传到数据库中，由专业人士进行测评和整理。而主体的评价需要以学生的反馈为依据，根据同行和专家对自己教学活动的评价意见，不断反思教学成果，从而积极开发全新的教学形式和教学策略，提高高校的教育教学质量。

高校在构建教学质量评价体系的过程中，要紧跟时代步伐，利用大数据信息管理模式，对各项评价数据进行收集和存储，以形成有效的意见，在丰富教师教学内容的同时，开发新的教育教学理念，提升评价结果，从而提高高校人才资源的管理质量。

第六节　大数据时代"智慧"学习环境的构建

一、智慧课堂的构建

目前，对智慧课堂的定义总体上有两类：一类是从"智慧"的语义学上定义，与"智慧课堂"对立的是"知识课堂"；另一类是从信息化视角定义。本文的定义是基于后者。从信息化的视角来看，随着信息技术的不断发展及其在学校教育教学中的应用，信息技术正从早期的辅助手段向与学科教学的深度融合发展，传统课堂向信息化、智能化课堂发展，对智慧课堂的认识也在不断深化。

目前基于信息化视角对智慧课堂概念的定义有三种：一是基于物联网技术应用的。这一定义强调基于物联网的"智能化"感知特点。二是基于电子书包应用的。这一定义强调基于电子书包的"移动化"智能终端特点。三是基于云计算和网络技术应用的。这一定义强调课堂中的"个性化"学习应用特点。[①]

这里我们结合实际开发应用，提出基于动态学习数据分析的智慧课堂概念，即智慧课堂是指利用大数据、云计算、物联网等新一代信息技术打造的智能、高效的课堂，是基于动态学习数据分析和"云＋端"的运用，实现评价反馈即时化、交流互动立体化、资源推送智能化，全面变革课堂教学的形式和内容，构建大数据时代的信息化课堂教学模式。

---

① 孙曙辉，刘邦奇，李新义. 大数据时代智慧课堂的构建与应用 [J]. 中国信息技术教育，2015 (Z1)：112－114.

　　智慧课堂常态化应用的前提是具有先进、方便、实用的工具手段，为此需要构建基于学习动态数据分析和"云＋端"应用的智慧课堂信息化环境。智慧课堂信息化环境的基本架构如图 4 - 18 所示。

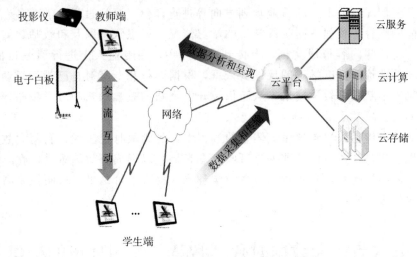

图 4 - 18　智慧课堂信息化环境的基本架构

　　智慧课堂信息化环境的总体架构包括三大部分，其主要功能是：

　　（1）微云服务器。提供本地网络、存储和计算服务，可以方便、直接地将即时录制的当堂课程进行本地化存储；构建无线局域网，教师和学生可以通过多种移动设备，在无须互联网的状态下，实现任意点对点的通信与交互，节省大量互联网资源的占用；当连接互联网时，可以实现教室的跨越空间的直播。

　　（2）端应用工具，包括教师端和学生端。教师端实现微课制作、授课、交流和评价，导入 PPT，并实现动画及视频的插入、电子白板式任意书写，实现发布任务、批改作业、解答问答等。学生端可以接收并管理任务（作业），直接完成作业，进行师生交互、生生交互。

　　（3）云平台。提供云基础设施、支撑平台、资源服务、教学服务等，如构建完整的教学资源管理平台，进行结构化与非结构化数据的各种教育教学资源管理，支持各种教育教学资源的二次开发与利用，实现多种教育教学资源的综合应用。在教学实践运用中，智慧课堂的教学流程为"3＋10"模式，即由 3 个阶段和 10 个环节组成。这些阶段和环节包括了教师"教"和学生"学"的共同活动以及它们的互动关系。智慧课堂的教学流程如图 4 - 19 所示。

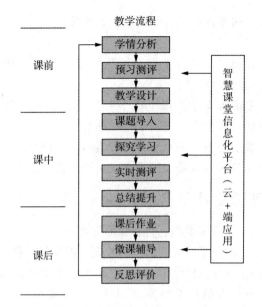

图 4 - 19　智慧课堂的教学流程

（1）课前环节

①学情分析。教师通过智慧课堂信息化平台提供的学生作业成绩分析，精确地掌握来自学生的第一手学情资料，预设本节课的教学目标，并向学生推送微课或富媒体预习及检测的内容。

②预习测评。学生预习教师推送的富媒体内容，完成和提交预习题目，并可在论坛或平台上进行相关讨论，提出疑问或见解，记录在预习过程中遇到的问题。

③教学设计。教师根据学情分析结果和学生预习检测统计反馈的情况，以学定教，确定教学目标、内容、方法等，优化教学方案设计。

（2）课中环节

①课题导入。教师采取多种方法导入新课内容，主要通过预习反馈、测评练习和创设情境等方式导入新课程，学生展现课前自学成果，围绕新课导入进行演讲展示、分享观点。

②探究学习。教师下达新的学习探究任务和成果要求，学生开展协作探究学习，主要包括小组合作探究、游戏教学等方式。教师设计活动，为学生分组，进行互动讨论，学生开展小组协作后提交成果并展示。

③实时测评。学生完成学习探究任务后，教师将随堂测验题目推送到每个学生终端上。学生完成随堂测验练习并及时提交，教师进行实时诊断和反馈。

④总结提升。教师根据实时测评反馈结果对知识点、难点进行总结和点评，对薄弱环节补充讲解，对重点进行问题辨析。学生针对教师布置的弹性分层作

业和任务，对所学习的新内容进行运用巩固、拓展提升。

（3）课后环节

①课后作业。教师利用平台发布个性化的课后作业，学生完成课后作业并及时提交，得到客观题即时反馈。

②微课辅导。教师依据学生课堂的学习情况，结合批改作业，录制、讲解微课并有针对性地推送给学生，进行个性化辅导。

③反思评价。学生在线观看教师所录解题微课，总结所学内容，在平台或论坛上发布感想与疑问，与教师、同学在线讨论交流，进行反思评价。

二、学校管理支持平台的构建

智慧校园想要真正实现智慧型、智慧化的管理，根本要求在于借助将多元化的业务放在一个网络当中实现集成化的管理和控制，促使每一种管理系统获取相应的数据，并对这些数据进行分析和计算，从而更好地开展相应的服务工作。

（1）在招生以及就业的政策数据方面可以实现支撑性。借助以前的、其他的高校招生和就业数据，可以根据专业、性别、地区以及特长等将其制作成一个报表，并为后续的招生计划提供一个决策支持。

（2）人才方面的政策数据支撑。这一平台主要是存储教师方面的资源数据以及学校当前的师资队伍状况并制作成报表，高校管理者可以根据报表内容及时调整师资队伍的结构以及比例。

（3）财政方面的数据决策支持。这一平台主要是存储学校多年经营所获得的财务数据，借助对这些数据的分析，可以获得当前高校的资金状况，并获得学校在经营过程中的投入、产出状况，以此为财务政策提供有效的决策数据。

（4）人才培养模式方面的数据支持。这一平台主要是存储学生的学习状况、教师的教学状况以及评价状况，按照这些数据可以分析师生在具体教学过程中的教学情况，并总结出符合学生特性、专业特点的教学方式、教学内容以及教学模式。例如，在大学生就业情况不理想时，可以根据学生就业难的主要原因提出针对性的教学模式，如果大学生在就业时存在就业价值不正确、抗挫折能力较弱以及自我认识不足的情况，可以借助高校思想政治教育，通过"强化对大学生的就业价值引导""强化学生抗挫折能力""让大学生认识自我，推动诚信就业"，从而优化教学模式。

（5）学科建设数据的支持。按照学科的具体教学专业数据以及就业数据对学科的办学进行针对性优化和调整，如果就业数据显示当前的专业教学内容与岗位工作内容不符，可以有针对性地调整专业的教学方向[1]。

---

① 黄艳梅，廖银花. 大数据时代高校智慧校园服务平台建设思考 [J]. 山东工业技术，2017（07）：144-145.

第五章　大数据技术对现代教育系统的意义与影响

第一节　大数据技术下的图书馆发展

一、大数据引发的高校图书馆思考

(一)海量数据

随着信息化建设的发展，大量数字资源，如电子图书、期刊、数据、网络资源涌入高校图书馆，智能手机、平板电脑等移动终端的普及使读者不受时空限制即可获取知识。高校图书馆的移动客户端、WAP网站、数字图书馆等如雨后春笋般涌现，使用户的数据量爆发增长。笔者认为，面对如此海量的数据，高校图书馆应主要分析、挖掘用户的借阅记录、查询日志、社交活动、移动终端使用记录等各类半结构化数据，因为这些数据中包含了很多隐性价值，对改善服务方案、提高服务效率、开展个性化服务有很大帮助。

(二)读者流失

随着各种新信息技术的不断发展，网上数据库、网上书城以及公开免费的网上图书资源充斥着互联网，给传统的高校图书馆带来了压力，读者流失日益严重。而大数据为高校图书馆解决这一问题提供了新的思路。高校图书馆可以借助大数据技术对读者需求数据（包括借阅记录、咨询记录、荐购记录等）进行分析，不仅可以了解读者的信息行为、需求意愿及知识运用能力，还可以深度挖掘读者在交互型知识服务过程中的潜在需求，从而有针对性地开展服务并吸引读者，以应对生存危机，同时利用读者不断增长的信息需求促使高校图书馆的拓展服务持续延伸、完善。

(三)大数据应用

高校图书馆的核心价值就是为学生、教师服务，教师的科研成果、学生的论文成果在某种程度上代表着高校的教学、科研水平。图书馆只有了解师生的需求，掌握其阅读习惯，才能提供优质服务，进而提升整个学校的科研水平。高校图书馆要充分利用大数据技术和大数据思维，发现潜在价值信息，为师生提供高效、智慧的服务。首先，高校图书馆应用大数据具有现实可行性。教师、学生在使用图书馆时会留下使用痕迹、用户行为日志等，这就形成了很多有价值的数据。其次，高校作为科研重地，对新技术、新思想的敏感性很强，在高校图书馆中使用大数据技术并不是什么难题。此外，大数据技术不是一项具体的技术，而是数据采集、数据存储、数据处理、数据挖掘等技术的融合，这些技术相对来说已经很成熟。高校图书馆面对新技术、新思维的冲击，要抓住发展契机，转变服务模式，实现可持续发展。

（四）隐私保护

大数据是一把"双刃剑"，它涉及隐私问题，包括用户姓名、邮箱、电话号码等；它还具有关联性和累计性，一旦信息被泄露、滥用，将对用户造成极大危害。高校图书馆中存在着大量读者数据，如用户查询记录、用户借阅数据及手机客户端访问日志等。图书馆为了改善服务方式，提供优质服务，需要对这些数据进行分析，通过数据挖掘、知识发现等技术，了解用户阅读行为。另外，这些数据除了用于记录读者的个人信息，还隐藏着许多重要信息，如电话号码、邮箱、行为记录、社交网络信息等。高校图书馆应高度重视读者隐私，树立高尚的职业操守，在正当、合法的范围内使用读者数据。

二、大数据环境下高校图书馆的服务转型

（一）基于数据挖掘的图书采购

高校图书馆的采购工作是图书馆工作的重要组成部分，图书采购水平的高低直接影响着馆藏建设的数量和质量，更关系到图书馆提供科研服务和教学服务的水平[①]。图书馆有限的经费、文献出版的混乱、文献价格的逐年上涨给图书馆采购人员带来了巨大的挑战。采购人员的个人能力、信息素养有限，很难从全局观念出发，采购到既能满足本校教学和科研需要又具有一定价值的文献。大数据环境下，有效地分析读者需求成为可能，在图书馆的 OPAC 系统中有大量的搜索记录、借阅系统中有借阅记录、读者荐购系统中有荐购记录，另外，开通的官方微博、微信中有很多读者潜在的需求数据，通过对这些数据进行挖掘、分析，能准确定位读者需求，从而为其提供有价值的文献资源，而不是仅仅依靠图书馆的荐购系统或采购人员的经验去采购图书。

以烟台大学图书馆为例，图书管理系统、OPAC 系统都由本馆自行开发完成，在图书采购工作上已经取得显著成效。大数据的收集、分析是该馆推出特色服务的开始，未来的工作重心也必会朝着以读者为导向的方向发展。

（二）大数据支持的虚拟参考咨询服务

参考咨询部门主要负责解答读者在利用图书馆过程中产生的各种问题。在

---

① 苏新宁. 大数据时代数字图书馆面临的机遇和挑战 [J]. 中国图书馆学报，2015（220）：4-12.

通信技术和网络技术普及应用的条件下，实时虚拟参考咨询应运而生，咨询员不再受地域、时间的限制，可在网上实时解答读者问题。随着技术的发展，实时虚拟参考咨询系统主要有国内的国家科技图书文献中心（NSTL）实时咨询服务系统，CALIS分布式联合虚拟参考咨询系统，商用及时通信工具（QQ、MSN），图书馆微博、微信。这些实时咨询系统的共同点是参考馆员必须实时在线、实时守候，参考馆员的知识能力、非上班时间的时效性、工作量等因素势必影响参考咨询的质量以及图书馆的服务水平。高校图书馆开展了多年的咨询服务，在读者咨询的问题中，有很多都是相似的，咨询员通过整理分析后形成了精选的FAQ，同时积累了大量宝贵的咨询记录。这些数据日积月累形成了图书馆的大数据，对其进行挖掘、分析，能够帮助图书馆提供优质、完善的咨询服务。将人工智能运用到图书馆参考咨询中是一种新的尝试。清华大学图书馆设计的"小图"是一个很好的代表，另外还有重庆文理学院的AIMLBot智能机器人。基于人工智能的实时虚拟参考咨询的成功尝试离不开图书馆咨询服务累积下来的数据支持，其核心语料库都以咨询服务累积的数据为基础，实现了全天候、快速响应、个性化、准确性的咨询服务，使传统的参考咨询服务有了质的飞跃。

（三）高校科研数据的知识整合

大数据时代，握有数据同时具备大数据思维才能在未来的发展中占领先机。随着数字化的发展，高校图书馆加快了数字化进程，纷纷购进电子图书、网上数据库。然而，教师和学生通常把图书馆当作提供免费资源的部门，只是检索、下载所需的网上资源，忽视了图书馆的重要性。为了摆脱尴尬困境，高校图书馆应该积极行动起来，不但要提供文献资源、电子资源、空间资源，更要加强对高校各个院系、校属科研单位的实验数据、科研成果、学术报告等的收集、监管、整合，以证明自己对学校、社会的价值。通过对这些数据的分析，挖掘出高校科研前沿、教学新动向，提供定时上门服务、电话咨询等方便灵活的借阅方式，为学校科研、教学的发展做出贡献。另外，高校图书馆应长期监管保存高校院系、校属科研单位的科研数据，构建特色资源库，以保持科研的延续性。

（四）基于数据分析的嵌入式学科馆员服务

学科馆员制度逐渐成为高校图书馆提高竞争力的主要服务，反映了高校图书馆服务领域的变革和创新，表明高校图书馆工作已经形成与学科、学者、读者联系起来的互动式服务。随着服务理念的深化以及用户需求的变化，嵌入式学科馆员应运而生。与传统的学科馆员不同，嵌入式学科馆员将服务深入到用户中，参与到用户的学习、科研中，为用户随时随地提供个性化、学科化、知识化、泛在化的服务；以用户需求为中心，用户需要什么图书馆就提供什么，深层次发掘用户需求①。这就要求学科馆员以院系学科为导向，对院系用户在图书馆检索和浏览电子资源、文献资源留下的行为数据进行数据分类，挖掘用户浏览下载的文献出处、关键词、摘要等，归纳出用户感兴趣的主题，从而提供有针对性的增值服务。大数据环境给嵌入式学科馆员服务提出了新的要求，通过对大数据的分析来提升嵌入式服务的水平，也是未来图书馆服务值得探讨的方向。

（五）以个性化为目标的图书馆推荐服务

随着网络技术的高速发展，数字图书馆得到了快速的发展，在信息存储能力方面也得到了较大幅度的提升。数字图书馆很好地运用了数据库整合技术，为用户在数字图书馆的信息资源检索方面建立了更加便捷的途径。但是大数据时代信息的海量增加，也给用户带来了更多的烦恼。例如，当用户在数字图书馆输入关键词进行检索时，可能会出现成千上万的信息资源，反而使用户无从选择，如果一个个地下载、查看，不但浪费时间，而且还占用大量的资源。

第二节　大数据技术下的大学生创业

大数据带来的革命不是悄然发生而是直面扑来的，大数据背景下大学生创业问题值得探析。大学生创业不仅是实现自身价值的有效路径，也是解决大学生就业难题的有力措施。大学生创业具有战略意义，关系到国民经济发展与社会的稳定和谐。

一、大数据背景下大学生创业优势

目前，数据已如洪流一般，在全球政治、经济生活中奔腾，大数据具有四大特点：大量化、高速化、多样化、价值性。"除了上帝，任何人都必须用数据说话。"管理学家戴明的这句话在用数据来决策、用数据来管理、用数据来创新的今天被充分认可。大数据背景下使得传统权威不一定拥有绝对的话语权、社会等级不一定拥有绝对的支配权、年龄资历不一定拥有绝对的决断权，从而为大学生创业无形降低了准入门槛②。

大学生具有独立性，自主意识较强，竞争、务实、个性化是大学生的时代标签，这也是大学生的创业优势。大数据背景下的商业更透明、信息更对称、诚信回归商务本源、优胜劣汰的筛选机制展现得淋漓尽致，"有想法无办法"成为很多创业者的困惑，大学生思维活跃、敢想敢做，更具发展潜力。同时，创

① 王利人. 大数据在高校图书馆的应用 [J]. 甘肃科技纵横，2017，46（12）：71—73.
② 张晓婷. 大数据环境下大学生就业创业新前景 [J]. 农家参谋，2019（03）：173.

业中常常出现"看不见、看不懂、看不起、来不及"的状态，思想保守往往成为创业的束缚，创业过程中唯一不变的就是改变，今天看到的不能代表未来，今天的机遇不代表未来的前景，大学生作为创新的主体，视野开阔、乐于接受新事物，思想中受旧的条框约束少，更易于创新。大学生的接受能力较强，大数据引起的产业链重构与价值链重组在消费者、资源配给、营销工具、商业模式方面都有不同，作为接受过高等教育的知识主体，大学生易于拥抱潮流，为创新创业奠定了重要的基础。

二、影响大学生创业的要素分析

大学生群体相较于其他群体在创业过程中有一定的特殊性，大学生在学历层次、精力体能、发展潜力上具有明显优势，但在工作经验、劳动技能、社会资本、财富积累等方面缺乏竞争力。影响大学生创业的要素概括起来有以下几点：

（一）劳动力市场的供求匹配度

劳动力供求匹配度是衡量就业创业市场质量的重要因素。供求匹配度除了取决于教育背景、市场结构以及制度因素，还受大学生合适岗位的努力水平影响。大学生就业呈现出从大中城市向县级城市发展的趋势，就业单位呈现出从集中向中小型非公企业流入的趋势。大学生就业意向、职业价值观念持续向白领岗位倾斜，当大学生职业选择意向和社会需求出现明显不对称状态时，创业意愿增强。

（二）人力资本和社会资本的影响

人力资本主要是指通过正规学校教育、在职培训、实践经验、迁移、保健等方面的投资而形成的个人能力和技能。社会资本是通过亲缘关系、地缘关系、业缘关系等途径获得的。在大学生创业过程中，人力资本与社会资本互相作用，人力资本发挥决定性的作用，社会资本起影响作用。在人力资本均等的情况下，社会资本更重要。

（三）创业环境和创业教育

大数据是目前大学生创业的背景，大学、企业、政府构成大学生创业的三螺旋关系。近年来支持大学生创业的舆论环境、制度环境逐步优化，大学广泛开展创业教育，培养学生的创业能力，创业教育的效果不断加强。但不可忽视的是，大学生创业成功率低是有目共睹的事实，创业教育与解决实际问题如何同步还需探讨[①]。

三、大学生循"数"创业的商业模式

"假如我们有了一个数据预报台，就像为企业装上了一个 GPS 和雷达，企业

① 李海群，彭文静，段晶晶. 大数据时代下大学生创业机会与风险分析 [J]. 现代商贸工业，2019，40（04）：102－103.

的出海将会更有把握。——马云"数据背后潜藏着巨大的商业机会，客户的心理共性、消费习惯、兴趣爱好、关系网络都可以成为大学生创业的增长点。大数据时代，大学生创业只需要一个好点子。大学生循"数"创业的商业模式可以涵盖为以下几方面：

（一）教育革命中的创业

大数据背景下，未来教育的主流可能是这样的：视频成为主要载体，教育资源极其丰富，时间、年龄、空间都不再是问题，教育在学校之外发生。慕课和微课是变革教育的第一波浪潮，优质视频开启自主学习，免费网络课程引领教育解放。大学生创业可在教育流程再造过程中寻得商机。大数据教育领域的数据存量庞大，各类学习管理系统中学习信息和学生信息也逐渐增多，以学习者为中心的学习理念将颠覆传统的以教师为中心的教育理念，教育为学习者的智慧发展服务。

（二）传媒巨变和文化再造中的创业

在传媒领域，大学生创业者可以关注到以下特点：就传媒而言，新媒体已经完全占据媒体主流；电子化、数字化、工具化进程提速，价值主流话语碎片化、信息世俗化已被广泛接受。网络成为文化传播的主流渠道。大学生创业者面临大数据商业模式延展上的挑战之一，就是如何将数据信息与产品和人相结合。随着信息技术的发展，人和物的所有行动轨迹都可以被大数据记录，大学生在传媒和文化领域创业的核心聚焦于人的参与感和体验感。

（三）社区管理和家庭新探索中的创业

大数据时代，各类社会型企业成为公益和商业的纽带桥梁。大学生创业可应用大数据思维，构建全新社区管理与社区服务体系，建立社区管理信息收集平台。技术的进步支持多样化探索，通过社会关系数据、个人健康数据、购物数据等从社区和家庭中的精神和生活状态中寻找创业机会，健全处理社会矛盾的有效机制、促进平安社区建设。由于政府资源分布不均，为社区管理与公共空间的发展提供了机遇，在社区服务缺位处大学生创业可填补空白。

（四）公共服务和社会治理转型中的创业

长期以来，公共服务供给不足、发展不平衡的现象十分突出，大数据为公共服务和社会管理的便利化、效率化、多元化提供了新契机。"小政府、大社会"是政府社会管理格局的方向，政府的政治职能和经济职能过分挤压社会职能的空间，社会管理的诸多空白地带正是大学生创业的良机。大学生创业社会管理服务若具有低成本、高效率、专业性和可选择的优势，则可承接政府职能中公共服务、事务性强的部分事项，如社会救助等方面。政府向各类社会组织购买服务，大学生由此获得创业机会。

四、大数据时代大学生创业要注意的几个问题

当数据量积累到了一定程度就形成了大数据资源，成为最有价值的资产，成为研究各种行为的基石。在大数据时代下，大学生创业要注意以下几个问题：

（一）大数据时代发展的趋势

大学生创业要注意到大数据挑战和机遇并存，未来的大数据发展依然存在诸多挑战。例如，掌握大数据的部门或企业由于没有明晰的大数据需求导致数据资产流失；数据分析挖掘能力普遍不高的情况下导致数据价值不能充分发挥；数据相关管理技术和架构落后，导致不具备大数据处理能力；大数据相关人才缺乏，导致大数据工作推进缓慢；大数据越开放越有价值，但数据开放和隐私之间难以平衡，数据安全的考虑常常导致数据难以更合理的开放。

（二）打造企业核心竞争力

企业核心竞争力具有五方面的特征：价值性、异质性、延展性、融合性、动态性。大数据时代改变了企业的传统竞争方式，促使企业与企业之间的竞争转变为消费者的竞争、管理与营销为中心的竞争。大数据背景下，大学生创业依旧要注重以下方面：打造团队、提高执行力；铸造品牌、提高产品竞争力；注重细节、提升企业利润；科学运筹、抓住创业机遇；整合资源、实现价值聚合，同时要关注自身企业发展能力，包括制度创新能力、技术创新能力、管理创新能力和企业文化。

第三节　大数据技术下的教育决策

一、大数据给决策带来的影响分析

大数据是继云计算、物联网之后又一新兴的信息技术。李国杰院士等认为，大数据是无法在可容忍的时间内用传统 IT 技术和软硬件工具对其进行感知、获取、管理、处理和服务的数据集合。数据量巨大（volume）、数据新增速度加快（velocity）、数据来源多样化（variety）、数据价值密度低（value）被视为大数据的四个核心特征。针对大数据的全新特征，人们在分析数据和信息时要做出相应的转变——从随机抽样向采集全部样本的转变，从追求精确向掌握大体方向的转变，从寻找因果关系向寻找相关关系的转变。

我们知道，计算机时代产生了计算方式的变革，互联网时代产生了信息传播方式的革命。那么，大数据时代也将带来一个决策方式的革命。《大数据主义》一书提道："技术革命将改变人类决策方式。人们将更加依赖于数据和分

析，而不是直觉和经验；同样，它还将改变领导力和管理的本质。"维克多·迈尔·舍恩伯格认为："大数据开启了一次重大的时代转型。就像望远镜让我们能感受宇宙、显微镜能让我们观察微生物一样，大数据正在改变我们的生活以及理解世界的方式。"大数据将改变人类的教育方式、学习方式、教育信息化的研究范式，并在一定程度上改善人类的思维。

决策是指决策者为了达到一定的行为目的，根据决策环境的变化所做出的一些决定。决策本质上也是人类思维活动，对思维的影响意味着对决策的影响。李德毅院士在一次演讲中指出"脑认知的本质等同于大数据认知"，足见大数据对思维的影响。我们知道，思维是人脑对客观事物的本质属性和事物之间内在联系的规律性所做出的概括与间接的反映。思维的组成要素有四个，即思维加工材料、思维加工方式、思维加工缓存区和思维加工机制。不难理解，有了大数据及其配套的数据仓库、云计算、数据挖掘等支撑技术，人类的思维加工材料可以是整个数据仓库，其内容将变得极大丰富；思维加工缓存区可以是整个云计算服务器，其吞吐能力将大幅提升；思维加工方式可以应用各种数据挖掘算法，其处理方式将变得更加丰富多样。以逻辑思维为例，由于大数据提供了丰富的实证材料使逻辑思维的加工过程可能被缩短了，或者使逻辑思维的有效性进一步提升了（得出的结论更让人信服了），也就是能使逻辑思维的效率和质量都得到比较显著的提高或改进①。

在宏观决策层面，大数据可以发挥诸多价值。以教育政策决策为例，基于大数据的政策决策有三方面的优势：首先，通过大数据可以将微观层面的政治对象呈现出来，清晰描绘出原本模糊的教育活动，如此一来，政策问题得到更好描述；其次，大数据实时变化的特点可以使决策者在短时间内获得政策反馈甚至获得实时反馈；第三，大数据可以对未来进行预测，使决策者具有更为开阔的视野。在大数据的时代，视野已经成为宏观控制的精髓，而不是力度。大数据是一种动态宏观视野，能够超越个体与局部的相对静态视野，更容易发现问题所在、可能弱点和盲区。

大数据正在颠覆传统的、线性的、自上而下的精英决策模型，逐步形成非线性的、面向不确定性的、自下而上的决策方式。这种决策模式遵循"'万事万物'量化为数据→数据转变为信息→信息转变为知识→知识涌现出智慧"的逻辑，通常称为数据化决策。

二、基于大数据的教育决策支持模型

目前，大数据还无法替代人类完成决策，更多的是提供决策支持。基于统

---

① 罗延财. 基于大数据的教育决策支持研究 [J]. 教育现代化，2018，5 (31)：146－147.

计数据的教育决策支持服务平台，可以提供教育宏观决策服务，通过对历史统计数据的分析，形成对我国教育发展状况各方面的趋势分析，给国家制订长远规划提供数据理论依据；可以提供教育动态监管、预警服务，根据教育大数据实时变化情况，多平台、多时相、多波段和多源数据实时掌控教育动态，为各种教育专项工程提供全程监管、预警服务；可以提供教育个体综合评价，教育管理、教学质量评价服务，通过教育大数据挖掘产生的知识与信息，传递给知识库管理系统，使系统智能化、知识化，实现对教育规律、决策规律以及模型、方法、数据等方面知识的存储和管理，进而对教育个体、教育管理、教学质量进行评价，促进教育综合改革的进一步深化。

　　本书关注的基于大数据的决策支持，主要体现在学校管理工作方面的决策支持。一个一般化的决策支持过程模型符合数据挖掘的一般过程，由"分析工作流""方法与工具流""数据与信息流"三要素构成，如图 5-1 所示。在"分析工作流"的关键环节有教师绩效评价、人才引进决策、招生决策、就业预测、职业规划、辍学分析、毕业生追踪、课程设置决策等；"方法与工具流"包括统计分析与可视化、相关分析、关联规则、决策树等一系列数据挖掘方法；"数据与信息流"主要有课堂教学与在线教学数据、教务管理数据、校园生活数据、教职工数据、后勤管理数据等。

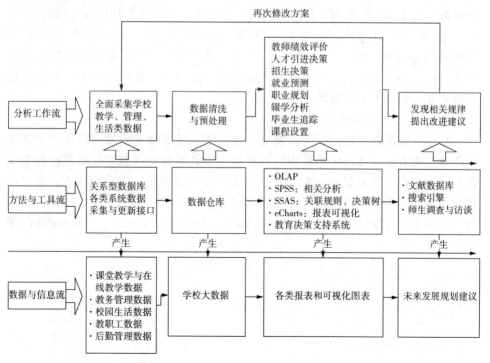

图 5-1　基于大数据的教育决策支持过程模型

这一决策支持模式将体现出"全面化的数据采集、高效深度的数据分析、可视化的结果呈现"等全新特点。

（一）全面化的数据采集

教育大数据指的是与教育教学要素相关的以及教育教学过程中产生的全量超大规模、多源异构、实时变化的数据。教育大数据有四大来源：一是在教学活动过程中直接产生的数据，如课堂教学、考试测评、网络互动等；二是在教育管理活动中采集到的数据，如学生的家庭信息、学生的健康体检信息、教职工基础信息、学校基本信息、财务信息、设备资产信息等；三是科学研究活动中采集到的数据，如论文发表、科研设备运行、科研材料采购与消耗等记录信息；四是在校园生活中产生的数据，如餐饮消费、上机上网、复印资料、健身洗浴等记录信息。

（二）高效深度的数据分析

教育领域中的数据也逐渐呈现出大数据的"4V"特征。针对数据量巨大（volume）的特点，可以采用分布式存储和计算方法，相应的工具有 Hadoop、Spark、数据仓库以及各类商用大数据服务平台，如阿里云、亚马逊 AWS 等；针对结构化数据、半结构化数据和非结构化数据并存（variety）的特点，可以采用词语切分、信息抽取等方法，相应的工具有各类自然语言处理工具，如大数据搜索与挖掘开发平台；针对数据价值密度低（value）的特点，可以采用聚类、关联规则、决策树等数据挖掘方法，相应的工具有SQLServerAnalysisServic（eSSAS）、Weka、SPSS 等；针对数据的产生与处理加速（velocity）的特点，可以采用信息自动抓取方法，相应的工具有各类网络爬虫软件，如火车头采集器。

（三）可视化的结果呈现

将分析结果以可视化的形式呈现给决策者，对于决策者理解信息并快速做出决策至关重要。可视化是利用计算机图形学和图像处理技术，将数据转换成图形或图像在屏幕上显示出来，并进行交互处理的理论、方法和技术。常见的可视化形式有基于坐标的图表、关系图、地理信息图、文字云图、仪表盘等，常用的可视化工具有 Excel、百度 ECharts、UCINETNetdraw、Worditout、R 语言等①。

---

① 钟婉娟，侯浩翔. 教育大数据支持的教师教学决策改进与实现路径［J］. 湖南师范大学教育科学学报，2017，16（05）：69－74.

第四节　大数据技术下的学习干预模型构建

一、学习干预模型构建的基本思路

（一）学习干预的界定

在传统教学领域，学习干预一直作为一个约定俗成的概念存在着，包括一切对学习者学习产生影响的介入手段。随着学习分析技术的发展，基于教育大数据的学习干预有别于传统教学环境下的干预手段，由此学习干预的概念再度引起教育技术研究者的关注。张超在对教育教学中干预特征分析的基础上，对远程教学环境中的学习干预进行了如下界定："学习干预是学习服务提供者为改善学习者学习绩效和解决学习问题而针对学习者采取的各种间接的介入性策略与行为的综合，其最终目的是帮助学习者发展特定的知识、技能和态度。"陈珊指出，学习干预是立足于学习者出现的各种困难和难题，更有针对性地为其提供的各种支持，包括资源和活动等。

本节以学习分析技术为基础和依据，探讨基于教育大数据的学习干预模型的构建。作为教育大数据重要应用之一，学习分析通过分析学习者的学习情况等过程数据，构建学习者学习行为预测模型，进而获得并预知学习者的学习状态，如学习进度、学习路径等。由此，我们将学习干预界定为"为了帮助学习者克服学习困难、顺利完成学习，以基于学习过程的教育大数据的分析为基础，针对每位学习者的具体学习状态而实施的各种支持性策略和指导性活动的综合[①]"。

（二）学习干预的方式

对于学习干预的方式，李艳燕等进行了系统深入的研究，从干预的性质、规模、主体等维度区分了干预的内容。从性质的角度，干预可以分为教学干预和社会干预，教学干预指一切教学元素的干预，如学习路径建议、学习资源推荐等，而社会干预指学习心理疏导、伙伴推荐等；根据干预的规模，干预可以分为个人干预和班级干预；根据干预的主体，干预可以分为人工干预和自动干预，人工干预主要应用于传统课堂教学，教师发现问题后，直接对学习者进行教学干预，如增加练习、谈话，调整授课方式和学习活动等，而自动干预主要指非正式学习或混合学习中技术支持下的干预，如个性化学习系统或自适应学习系统实施的干预，教师利用设备对学习者移动终端

---

① 李彤彤，黄洛颖，邹蕊，武法提. 基于教育大数据的学习干预模型构建 [J]. 中国电化教育，2016（06）：16—20.

进行干预等。张超则将干预目标群体和干预形态视为干预分类体系的基本变量，并综合这两个维度，提出了"学习干预的二维分类框架"，得出了四类不同的学习干预方式，即个体化—结构化、个体化—非结构化、集体化—结构化、集体化—非结构化。此外，有研究者针对教师主导和学生自主学习两种教学模式提出了不同的干预机制。

（三）学习干预的具体方法

随着学习分析技术在教育大数据中应用研究的不断深入，研究者在实践应用领域中也开展了关于学习干预具体方法的相关研究。普渡大学的"信号项目"致力于从学习管理系统、课程管理系统、课程成绩簿中收集信息来划分危险学生的层次，用绿色、黄色和红色来标示危险等级，并针对处于"危险"状态的学生进行个别化指导。北亚利桑那大学的评价绩效状态系统能够收集学习者在课堂中的表现评级，并通过邮件发送给学习者，邮件主要包括出勤情况、学习成绩和课业问题三类。在开放学术分析项目中，学习者的学习数据经过学习分析处理后，形成学术警告报告，被识别为处于危险状态的学习者将会获得系统提供的自动干预，共有两种，即警告信息和参与在线学习支持环境。其中，警告信息针对那些顺利完成课程任务存在风险的学生，警告信息的内容包括学习现状、详细学习建议和指导等。要求参与在线学习支持环境的学生，将进入一个在线学习支持网站，其中包含可汗学院视频、FlatWorld开源教科书等开放教育资源，同时他们还会得到来自同伴或专业教学人员提供的学习指导。当学生多次处于危险状态时，警告信息将会变得越来越严厉。

（四）学习干预模型的提出

干预模型从系统和整体的角度指导整个干预过程的设计与实施，对于干预过程的顺利开展和干预目标的实现起着重要的指导作用。当前关于学习干预理论层面上的研究，较多地探讨了设计干预措施的基本原则、建议，以及微观层面的干预方式及内容，还没有较为系统和完整的干预模型。在实践层面上，已有的项目和系统通过自动、半自动等方式实现了有效干预，其中涉及的干预机制等为本研究设计干预模型提供了借鉴和参考。基于对已有研究的综合分析，我们提出了如图5-2所示的基于教育大数据的学习干预模型。该模型以干预引擎为中心，以发现学习者的学习困难、提升学习者的学习效果为目标，包括学习者状态识别、干预策略匹配计算、干预策略实施、干预效果分析四个循环环节。

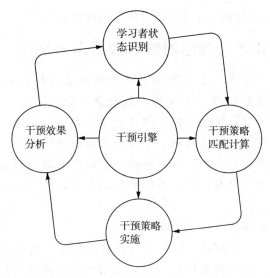

图 5-2　基于教育大数据的学习干预模型

（1）干预引擎是模型的核心，起着关键的调控作用，监控着每一环节的实施状态，并适时对干预过程进行调整，以保证干预朝着有效的目标进行。

（2）对学习者学习状态的准确识别和判断，是干预策略选择和实施的起点和关键环节。学习者状态识别是指基于教育大数据来获取学习者的状态信息，识别出学习者学习状态的关键特征，从而定位学习者的学习阶段，判断学习者的学习状况。基于教育大数据的学习分析技术能够有效地支持教师收集、分析、输出学习者相关教育大数据并得出其学习状态，如学习任务完成情况、学习内容掌握情况等，从而为学习者状态识别提供有效的支持。

（3）干预策略匹配计算是指依据学习者学习状态的关键特征，从干预策略库中筛选相关的干预策略，并与学习者学习状态的关键特征进行匹配计算，得出匹配度较高的最佳干预策略。匹配合适的干预策略是干预实施效果的重要保障，干预策略匹配计算又依赖于存储的干预策略，因此，学习干预模型构建的关键是设计干预策略库与匹配机制。

（4）干预策略实施是指根据最佳干预策略，以恰当的干预方式，将合适的干预内容推送给学习者。

（5）干预效果分析：干预是一个系统性的、循环往复的过程。干预模型始于经过学习分析得出的学习者学习状态数据，然后判断识别学习者学习状态的关键特征，同时从干预策略库中筛选相关的干预策略，并与学习者学习状态的关键特征进行匹配计算，将匹配度较高的干预策略（包括干预方式及具体干预内容）推送给学习者。实施干预策略后，干预引擎将持续跟踪学习者的学习状态，一方面是判断已实施干预策略的效果，另一方面是及时发现学习者新的学习状态以备选择并实施新一轮的干预，依次循环往复。

二、基于教育大数据的学习者状态识别

学习者学习状态的准确识别是干预策略准确选择且有效实施的必然前提。随着数字化学习的普及和流行，教育领域已经部署了众多学习管理系统，学习者在各种学习终端支持下的各类学习系统中都产生并保留了大量的学习记录。这些记录中隐藏着有关学习者大量的多维信息，通过恰当的技术对这些数据进行聚类与分析，可以获得、跟踪和掌握学习者的学习特点、学习需求、学习基础和学习行为等不同类型的数据，从而为学习者的状态识别提供依据。

（一）教育大数据的获取与分析方法

教育大数据得以有效利用的根本前提是能够基于技术手段获取到教育大数据，并加以分析，从而获得对学习者有用的关键信息。目前已有众多研究者对教育大数据的获取进行了研究，为基于教育大数据应用的相关研究提供了思路。牟智佳提出电子书包中教育大数据的获取来自于数据捕获、多感知数据和实时传感数据三个方面，可以通过多个软件实现对多种数据的记录。顾小清等将学习者在学习过程中的学习行为、学习活动、学习进程以及与之交互的学习环境等数据概括为学习者的学习经历数据，并利用"活动流"来描述学习经历，同时用 Statement 记录学习经历的方式来获取学习者的学习数据。对教育大数据的分析，目前常用的方法包括内容分析法、社会网络分析法和回话分析法等。

（二）学习者学习状态数据及水平识别

想要准确地识别学习者的状态，就要有针对性地收集教育大数据。为了实施有效的学习干预，需要获取哪些数据呢？我们对已有的在线学习者学习行为及学习模型的相关文献进行了调研分析，孟玲玲等从学习分析工具的角度提出，要对学习者的学习进度等网络学习数据、知识建构过程等学习内容数据、学习能力和学习水平等学习能力数据、学习轨迹及特征等学习行为数据进行分析，从而准确地获得学习者的学习状态特征。李艳燕等提出应通过分析教与学过程的交互数据、教学资源数据、学习者之间的网络关系数据、学习者的特征数据、学习者行为与情感数据等来表征学习者学习特征。许陵等从生物信号的角度分析学习者在学习过程中的心理和生理状态，用以观测学习者注意力下降或者出现疲劳等学习状态。学习过程中，学习者往往会在多个方面有不同的表现。在本书中我们主要考察学习者的学习风格、学习进度、互动水平、学业成就四个方面的状态水平，相应地，主要采集学习者的以下数据，如表 5 - 1 所示。

表 5‐1　学习者状态数据及状态水平判定

采集数据		学习者状态水平判定								
学习风格量表测量数据、学习者浏览记录数据	干预引擎	学习风格类型	A		B		C		D	
学习路径、学习内容		学习进度水平	快		中			慢		
交互频率、交互内容、社会网络关系数据		学习互动水平	交互频度			交互深度			交互广度	
			高 / 中 / 低			深 / 一般 / 浅			广 / 一般 / 窄	
学习成绩数据、错题数据、学习时长数据		学业成就水平	整体水平			学习薄弱点				
			高 / 中 / 低			知识点 1，2，3，…，n				

（1）学习风格类型识别是干预引擎采用某种算法，基于量表采集的数据以及学习者的浏览记录等相关的数据综合判断，将学习者定位为不同的学习风格类型。

（2）学习进度水平识别是指干预引擎基于学习者的学习路径、学习内容等数据，判断学习者的学习进度。

（3）学习互动水平识别是指干预引擎综合学习者的交互频率、交互内容、社会网络关系三方面的数据，判断学习者的交互频率、交互深度、交互广度三方面的互动水平。其中，交互频率是指学习者参与互动的次数，可以通过登录次数、发帖次数等数据反映出来；交互深度则包括学习者所发表的交互内容的质量，可以通过对交互内容的分析得到的结果反映出来；交互广度是指学习者在交互过程中所形成的社会网络的规模以及学习者在社会网络中所处的位置，可以通过交互的社会网络分析得出。

（4）学业成就水平识别包括对学习者整体成绩水平的判定和学习薄弱点的

记录，整体水平通过学习者的成绩数据来反映；学习的薄弱点则根据学生在某个知识点的学习时长以及错题记录来判定。

三、干预策略库设计

在识别学习者状态的基础上，干预引擎会针对学习者的具体状态从策略库中选择并计算最优匹配的干预策略，以对学习者进行有效干预，帮助学习者将学习状态调整到更为优化的水平。因此，干预策略库的设计对于实施有效干预并提升学习成效起着至关重要的作用。我们针对四类学习者状态给出具体的干预策略、不同策略的干预时机以及干预方式，如表5-2所示。

表5-2　干预策略设计

学习者状态	干预策略	干预时机	干预方式
学习风格类型	根据学习风格特征推送不同方式组织或不同媒体呈现的学习材料	学习者新知识学习之初	自动推送不同类型的资源
学习进度水平	可视化学习者的当前学习进度状态（进度条或完成百分比）； 可视化班级学习者的平均学习进度； 可视化学习者的学习进度与平均进度的差距； 提醒进度慢的学习者	学习者整个学习过程中	可视化页面弹出窗口或邮件、消息提醒
学习互动水平	可视化学习者的社交网络关系； 可视化学习者的交互参与水平、频度和深度； 鼓励、提醒互动水平低的学习者	学习者整个学习过程中，尤其是对互动有较高要求的课程	可视化邮件或消息提醒； 同质伙伴推荐； 教师会话
学业成就水平	可视化学习者的学习成绩； 可视化学习者在当前班级或年级的平均成绩； 可视化学习者在当前班级或年级的相对水平； 对学习成绩总体水平低的学习者推荐学习方法建议、补习或强化类学习资源、学习工具等； 根据学生的学习薄弱点，推送有关薄弱知识点的学习资源与指导建议	学习者完成某一阶段的学习之后	可视化学习方法或建议推荐； 补习或强化类学习资源推送； 学习工具推荐

从表5-2中我们可以看到，干预策略匹配的重点在于一方面将学习者的学习状态可视化，可视化的目的在于让管理者、教师和学习者都能清楚地了解学习者所处的状态，可视化的方法则多种多样，如学习进度条、完成百分比、目标达成程度、学习路径图、社会网络图谱、薄弱知识点列表、成绩分布图、成绩排名、参与互动的次数显示、发言质量评价等。另一方面，干预引擎会根据学习者的状态来进行干预，具体的干预方式包括提醒、推荐/推送、会话等，其中可以采用消息、邮件、页面弹出窗口等方式来对学习者进行适时的提醒；推荐/推送则是指智能地根据学习者的状态向学习者推送相关的资源、学习建议指导、学习工具、学习伙伴等；会话则是指由智能机器人或教师与有学习困难的学生进行文字、语音或视频的会话，以半人工或人工的方式进一步了解学生的学习状态和困难，以采取更为有效的干预措施。

当然，在实际情形中，学习者的这四类状态并不是孤立的，干预引擎在整个过程中始终持续地同时监控着学习者在这几方面的状态水平，并在恰当的时机给学习者提供相应的干预。

四、干预策略实施与效果分析

（一）干预策略实施

为学习者匹配合适的干预策略后，干预引擎将向学习者实施干预。实施干预可以采用自动干预、手动干预两种方式。自动干预是由干预引擎或干预系统自动完成的，实施过程不需要教师等人员的参与，但需要教师将干预策略的实施规则进行设计，如干预策略所面向的受众范围或辐射区间，干预实施的时间、频率及频次等。手动干预是指干预实施的过程由教师等教学相关人员手动完成，如向学生发送个性化学习指导、建议等信息。随着干预引擎的不断智能化、学习者数据的大量堆积、干预策略的逐渐丰富，干预策略将更多地由干预引擎自动实施，达到科学、及时、准确的干预效果。

（二）干预效果分析

干预引擎向学习者实施干预后，学习者将会收到相应的干预，并按照干预要求去改进或加强学习。干预引擎将继续跟踪学习者的学习状况，分析、评价干预策略的实施效果，一方面，将实施效果作为一个属性填充到干预策略库中对应策略的属性中，为后续类似的干预策略匹配计算提供参考；另一方面，依据实施效果，干预引擎将进行是否需要再次干预的判断。如果实施效果良好，即学习者的学习状况得到了改善，干预引擎则开始追踪学习者新的学习状态；如果干预策略实施效果较差，学习者学习状况依然不乐观，干预引擎将进行二次干预，依次循环往复。

第六章　大数据技术在我国现代高等教育中的应用

2019 年 1 月，教育部公布了 2018 年教育管理信息化应用优秀案例名单。在各省信息中心推荐上报的 98 个教育管理信息化应用案例中，经过专家组网络初评与现场答辩评选，共遴选出 36 个教育管理信息化应用优秀案例，包括省级教育行政部门特色应用案例 7 个、地市或区县区域统筹应用案例 15 个、学校（高等学校或职业院校）创新应用案例 14 个（见表 6‑1）。

表 6‑1　2018 年教育管理信息化应用优秀案例名单

类　别	序　号	省/市	申请单位	案例名称
省级教育行政部门应用优秀案例	1	北京	北京教育网络和信息中心	"互联网＋教师教育"助力教师研修模式改革
	2			以教育督导信息化助力推动教育现代化
	3	贵州	贵州省教育管理信息中心	建设贵州教育管理公共服务监管平台提升教育治理能力
	4	湖南	湖南省教育厅信息中心	首创省域教育阳光服务网络平台　打通服务群众最后一公里
	5	江西	江西省教育管理信息中心	大数据服务就近入学——基于 GIS 的江西省义务教育阶段就近入学政策
	6	广东	广东省教育技术中心	建设广东省可信教育统一身份及密码应用支撑体系　保障教育信息化 2.0 网络信息安全
	7	上海	上海市教育委员会信息中心	上海市学校安全管理信息化平台

续　表

类别	序号	省/市	申请单位	案例名称
地市或区县区域应用优秀案例	8	安徽	合肥市教育局	依托区域教育平台，构建智慧教育体系
	9		阜阳市临泉县教育局	建设装备管理系统，提升装备应用水平
	10	福建	厦门市同安区教育局	区域教育云平台建设探索与实践
	11	贵州	贵阳市教育局	大数据驱动教育精准扶智提质，智能化助力优质资源公平共享
	12	湖北	宜昌市教育局	《"互联网＋义教阳光招生"，构筑惠民服务体系》
	13	吉林	长春市二道区教育局	"智慧教育云平台"生态融合全面助力二道教育现代化发展
	14	江苏	扬州市教育局	构建区域智慧教育综合服务体系，助力新时代智慧教育扬州路
	15	江西	南昌市现代教育技术中心	南昌市学业"大数据"系统
	16	辽宁	大连市教育信息技术中心	大连智慧教育平台建设与应用
	17	内蒙古	呼和浩特市电化教育馆	呼和浩特市教育局教育信息化创新——呼和浩特市打造教育创新服务
	18	上海	上海市闵行区	"易"卡应用，助力学生个性成长的创新之举
	19	天津	天津市大中专毕业生就业指导中心	服务高校深化改革——建设教育管理公共服务平台，成就毕业生大数据管理模式
	20	浙江	温州市教育装备和勤工俭学管理中心	温州市中小学云图书馆区域推进图书馆建设与管理
	21		东阳市教育局	云端融合智慧联动——构建基于大数据的全域化、智能化学校安全综合管控体系的探索与实践
	22	甘肃	积石山县	利用网络教育资源努力办好乡村学校

类　别	序　号	省/市	申请单位	案例名称
学　校 （高等学校和职业院校）应用优秀案例	23	北京	北京信息职业技术学院	夯实信息化基础建设，助力智慧教育发展
	24	广东	东莞理工学院	大数据分析与决策应用
	25		华南农业大学	着力打造华农紫荆 e 站切实提升学校管理服务——"互联网＋"赋能高校管理与服务创新
	26	广西	南宁职业技术学院	大数据时代下的人才培养质量保障——南宁职业技术学院面向内部质量诊改的大数据生态平台建设
	27	河北	燕山大学	多方运营的高校融合校园网解决方案
	28		河北广播电视大学	践行"互联网＋教育"理念创新干部培训模式——河北干部网络学院信息化平台成效显著
	29	湖北	武汉大学	《樱花开放期间校园信息化管理与服务》
	30		长江职业学院	《信息化支撑教育管理和教育教学的创新与成效》
	31	吉林	东北师范大学	爱师生暖民心东北师范大学"互联网＋阳光校务"改革——一站式"网上服务大厅"唱起管理教学与信息化深度融合主旋律
	32	江苏	南京理工大学	构建智慧校园大平台
	33	江西	江西旅游商贸职业学院	江西首家"诊断与改进平台""落地"案例
	34	辽宁	沈阳农业大学	现代信息技术与本科教学深度融合的"1248"体系的构建和应用
	35	上海	华东理工大学	华东理工大学本科教学质量状态数据中心建设及实践
	36	天津	南开大学信息化建设与管理办公室	模式创新思维构建移动智慧校园——南开大学移动门户平台建设

第一节　厦门大学：圕·时光

2013 年起，每年毕业季，厦门大学图书馆都会收集整理同学们大学时代的阅读记录、进馆次数等。这个网站还特别增加了毕业生在食堂的消费记录，毕业生登录后，不仅能看到自己最爱去的餐厅、超市消费的金额，还能看到自己在大学期间打了多少份米饭。这是根据学生一卡通的大数据统计出来的，只提供给学生本人。这是一份物质食粮和精神食粮的双重记忆，以"圕·时光"为主题呈现给毕业生们。

"圕"是很有意思的单字，仅用一个字即可代表"图书馆"，可直接念作"túshūguǎn"，也可合在一起念"tuān"。"圕·时光"摘录了毕业生的"圕故事"。登录"圕·时光"，即可看到《缘起》《我爱你》《我和你》等章节（本书以 2016 年版本为例，后续版本与此有所不同），还可留言发送到微博、微信朋友圈等，分享这份美好的图书馆记忆。

图 6 - 1　"圕·时光"登录页面

"圕·时光"的设计以"图书馆，曾经的美好、永远的回忆"为主线，以告别和祝福为情感诉求，不对读者的阅读好恶进行评价，亦不褒贬读者的阅读经历，只着力于呈现读者的阅读历史。

数据主要从图书馆系统和门禁系统中提取，最基本的是毕业生的个人信息。

通过 SQL 语句筛选出毕业生信息并存储在一个新的数据表中，以此表为基础通过学号相关联，提取每个人大学时光的入馆通识测验成绩、借阅总量、第一次借阅实践、所借的第一本书的书名、所借书籍的类别以及每个人的部分书单。同样通过学号相关联，统计出每个人进出馆的次数。论文数据的统计则是提取学生所提交论文的题目。

下面是 2013 年毕业生所借图书，按各类别总借阅数量大小排序，赋予文艺风格的描述（见表 6 - 2）①。

表 6 - 2　毕业生借阅类别、数量、类名及相应描述

分类号	总借阅量	中文类名	描　述
I	15311	文学	文学使人灵秀
F	94259	经济	经济使人聪慧
D	87279	语言、文学	采集文字的珠玑，编织词语的锦绣
H	69890	政治、法律	政治使人庄重，法律使人公正
TP	65697	自动化、计算机技术	操作系统，驾驭数据，缮写诗意代码
O	56945	数理科学和化学	数理使人周密，化学引领科技
K	54256	历史、地理	历史使人明智，地理使人宽厚
B	39975	哲学	哲学使人深刻
J	29390	艺术	艺术使人真挚
C	23688	社会科学总论	关注社会，品味多彩人生
G	23427	文化科学、教育体育	身心和谐发展，塑造完美人格
TU	18231	建筑学	传承工匠精神，营造梦想天地
TN	13762	无线电、电信技术	电波传讯，联通大千世界
R	11258	医药、卫生	妙手仁心，探索健康之真谛
Q	9478	生物科学	上下求索，生命自然美好
TB	4807	一般工业技术	深研博采，领略工业之精妙
TQ	3409	化学工业	
TH	3285	机械仪表工业	
TM	3235	电工技术	
A	2490	经典政治理论	慎思笃行，齐家治国平天下

---

① 龚晓婷，陈俊杰，林霞，黄国凡. 读者数据的挖掘与创意呈现：以"圈·时光"为例 [J]. 大学图书馆学报，2013，31 (06)：92－96.

分类号	总借阅量	中文类名	描　　述
P	2297	天文学、地球科学	遥望星空，脚踏实地
Y	2287	外文原版	融会中外，穿越文字去旅行
E	2183	军事	透视战火硝烟，祈祷世界和平
X	2068	环境科学、安全科学	致力环境保护，改善人类生活
N	1896	自然科学总论	拥抱自然，感受科学魅力
Z	1739	综合百科	博览群书，积点滴而成大观
TS	1605	轻工业、手工业	深研博采，领略工业之精妙
TG	1416	金属学与金属工艺	
U	825	交通运输	
V	773	航空航天	
TK	400	能源与动力工程	
TL	201	原子能技术	
TE	125	石油天然气工业	
TV	97	水利工程	
TF	78	冶金工业	
TJ	50	武器工业	
T	9	工业技术	
TD	3	矿业工程	

第二节　南京理工大学：利用大数据分析推出"暖心饭卡"

2016年，南京理工大学启动"暖心饭卡"项目。该校教育基金会通过数据分析，每个月在食堂吃饭超过60顿、一个月总消费不足420元的，被列为受资助对象。该校采取直接将补贴款打入学生饭卡的方式，学生无须填表申请，不用审核，甚至在收到补贴前，没有任何学生知情。

2016年3月21日，南京理工大学有301位同学的饭卡上"莫名"多出钱来。有的多了十几元，有的甚至多出了200多元。以后，他们每个月还将收到同样金额的补助，直到毕业。

那么，301名贫困生名单以及补助金额是如何确定的？据悉，南理工教育基金会对全校所有在校本科生的饭卡刷卡记录进行了数据分析，分析区间为2015年9月中旬到11月中旬。其中，每个月在食堂吃饭超过60顿、一个月总消费不足420元的，被列为受资助对象。为了进一步增强科学性，"准援助对象"确定后，各学院的辅导员（对学生个人及家庭情况更熟悉）对各自学院的名单进行核对。首批经过大数据圈定的314个名单中，最终有301人得到了首批"暖心饭卡"的资助。

这301人的补助金额并不同。具体而言，该校实行一日三顿、每顿7元，30天共计630元的标准，学生实际就餐支出和630元之间的差距，就是实际补助金额。换言之，学校是按照每位在校生"每顿饭吃上7元钱"的标准来实施点对点"充钱"的。

按照这个标准和方案，首批301人获得了从11.63元到340.53元不等的补助。高校资助贫困生的方式长期饱受诟病。为了公平，高校制定了严格的程序，申请、审核、公示等环节必不可少，"贫困证明"也是硬性条件，甚至有的还搞出"演讲比穷"的闹剧，让贫困生的尊严无处安放。越贫困越敏感，不少贫困生放弃了申请。但若程序不透明，又难免有暗箱操作之嫌，助学金可能沦为班干部的"唐僧肉"。不少家境贫困的学生因为爱面子，不愿意申请贫困生助学金。一些公开的评审和公示，往往会伤害一些学生的自尊心。真正的贫困生得不到及时的接济，引发是否公平的争议，使一些高校在助学金分配问题上遭受诟病。

南理工这个被称为"暖心饭卡"的行动确实是个创新之举，体现了关注人、尊重人，践行了以人为本的理念，免除了学生"自证贫穷"之扰。在资助贫困生上，没有一种方式是完美无缺的，但总有一种是相对最优的。在大数据的支撑下，"偷偷"给贫困生充饭卡即是最优选择，既不伤害贫困生自尊心，又可以实现"精准扶贫"，如此科学化、人性化的做法赢得网友一片点赞。

如何才能在公平和尊严之间找到一个平衡点？必须承认，大数据具有无可争辩的说服力，通过分析就餐次数和消费金额，基本可以得出这个学生的消费水平。大数据也是"活"的，圈定初步名单后，学校再加以审核，最后评出资助名单，误差进一步缩小。这样，"偷偷"给饭卡充钱，既确保公平又兼顾尊严，还降低管理成本，一举多得。

当然也有漏洞。比如，前期调查工作泄密、后期监督缺位易滋生腐败以及部分学生故意刷数据等。但是，既然选择了大数据"精准扶贫"，一定意味着数据已成为"核心机密"，只有少数人掌握，出了问题不难追责。我们也相信，没有哪一个家境富裕的学生会为了这点钱甘愿费九牛二虎之力刷数据。大数据就是"铁笼"，关住了任性的权力，也关住了非分之想。

南理工教育基金会先是对在校学生的饭卡刷卡记录进行数据分析，筛选出餐饮消费较低的学生，然后再交由辅导员核实，最后确定受资助的对象。这种筛选方式具有一定的科学性，而且为了不让调查样本失真，项目前期分析工作完全保密。但有了保密性，问题就来了，偷偷给贫困生充饭卡，岂不成"暗箱操作"？

不管是公共财政拨付的贫困生助学金，还是高校多方筹集或募捐而来的其他资金，在使用上都应该公开透明，接受监督。否则，所有流程都在幕后操作，不仅可能使有限的资金用不到刀刃上，还有可能滋生腐败。个别高校虚报冒领、私分，甚至是贪污助学金的事件都曾发生过。因此，将好事做好，补上公开这一课，很有必要。

高校可通过电子平台公开每一期资助资金的总额，采取不记名的方式分配到每一个资助对象的名下，还要对不同档次的资助金做出说明。所谓"不记名"是指隐去其真实姓名，采用排他性的号码，如手机尾号、身份证尾号、学生证尾号等。这样便于受资助者核对。除了高校本身的监督机制及时介入，还应不定期组织学生代表进行抽查核对，防止经办人员雁过拔毛、挪用冒领的现象发生。

第三节　电子科技大学：利用大数据寻找校园中孤独的人

周涛和他的团队在电子科大做过一个课题——寻找校园中最孤独的人。他们从3万名在校生中，采集到了2亿多条行为数据，它们来自学生选课记录，进出图书馆、寝室，以及食堂用餐、超市购物等数据。通过对不同的校园一卡通"一前一后刷卡"的记录进行分析，可以发现一个学生在学校有多少亲密朋友，如恋人、闺蜜。最后，他们找到了800多个校园中最孤独的人。他们平均在校两年半时间，一个知心朋友都没有。这些人中17%可能产生心理疾病，剩下的则可能用意志力暂时战胜了症状，但需要学校和家长重点予以关爱。

这些例子其实透露了大数据的三个精髓：第一个，是数据的外围性。例如一卡通的数据，来自学校的后勤集团，本质上是一种消费数据，但利用这种数据来预测学习成绩、观察学生作息是否有异常，通过看起来没有关系的数据去透视问题。第二个，是数据的群集性。光有一张卡，即使分析得再清楚，也看不出什么问题，只有把这张卡放在 3 万张卡里才能看出端倪。第三个，这些数据其实存在很多年了，一卡通和学校的心理健康中心都存在十几年，但一直没有发现两者之间的关系，为什么？因为缺乏数据科学家。

这项针对在校大学生行为的大数据研究，是教育部网络文化建设示范性项目中的亮点。在周涛看来，这样的行为数据研究还有广阔的应用市场，如可以移植到高强度的劳动密集型行业中，关注广大产业工人的心理疾病问题。

第七章 大数据技术在我国教育系统软件中的应用

第一节 希嘉教育：大数据驱动学生管理智能化

经过多年的发展与沉淀，大数据技术已经在多个行业和领域展现了出人意料的能力。教育行业中大数据的发展，对数据的利用已不再是集中的、多维度的展示，而是针对具体的问题或痛点，通过数据分析、数据挖掘的手段加以解决、指导或优化。中南民族大学在学生管理工作方面积极探索创新，利用大数据技术建设学生网格数据分析及预警平台，旨在以大数据分析驱动学生行为管理，集中学校业务数据、日志数据，对学生的日常行为进行建模分析，发现异常行为并及时告警。另外，利用数据实时描绘学生的在校状态，管理者可快速了解学生。学生异常行为预警可帮助管理者快速、准确定位需要管理的学生，并通过数据描绘学生状态，指导管理者选择有效的管理手段。

以大数据分析构建面向学生成长教育的网格化管理平台，已经初步实现了将过去无法获知的学生在校状态变得可视化，使学生管理工作的目标性和针对性更加突出；对学生事务由被动性管理提升到主动精准管理，引领学生健康发展，将管理内化为教育培养的组成部分。

一、传统学生管理模式的困境

网格化管理区别于传统管理方式，是将过去被动、定性和分散的管理，转变为基于信息化的主动、定量和系统的管理。传统信息系统在处理网格范围内的人、地、事、物等要素时过于松散，主要体现在以下方面：

（一）学生数据分散在多个业务系统

涉及学生发展和在校情况的数据分布在多个管理信息系统中，与生活相关的如消费和门禁，与学业相关的如教务和网络教学，与行为相关的如安防和上网。各系统相对单一地承载各自职能范围内的事务管理，对其他业务系统中的数据利用较少，对管理对象的关注点也局限在各自的系统内。

（二）信息服务偏重业务流程服务

面向学生服务的事项特别多，虽然信息门户作为统一的入口列举了服务事项，但是仅对应管理信息系统，涉及跨部门协调的事务仍需要在线下人工协调处理，这限制了服务能力和服务效率的提升，也不能充分发挥信息化的作用，相关的说明和推广也不能得到学生的充分理解。

（三）缺少系统性数据分析手段

网格化管理不再是从不同的视角人为地观察被管理对象，而要求数据分析得出有别于一般性特征规律之外的异常动态信息，这些信息的处理不仅是多个系统结果型数据的叠加，还面临数据标准不一致、非结构化数据参与分析等复杂条件，这是单一管理系统无法做到的。

（四）数据产生和更新的积极性不高

业务部门对信息系统应用深度不足，数据只在自身系统内相对准确，更新只在方便自己时维护。由于工作人员短缺，不能将所有功能数据维护得井井有条，数据质量欠佳在每个系统中都不同程度地存在，业务部门对待数据产生的准确性和更新的及时性因人而异。

二、利用大数据技术进行网格化管理的思路

网格化管理是一个仍在发展的管理方法，多年来，高校积累和养成的管理特色与学生群体的动态发展相互作用、渗透，影响着网格化管理"智慧基因"的形成，智慧的程度取决于数据和应用两个方面。基于此，网格化管理平台建设的总体思路是：立足校情，借鉴和摸索一套适合网格化管理的机制和信息化应用；以学生发展为中心，构建网格化管理支撑平台，为学生管理提供支撑服务；洞悉信息化技术前沿，实现大数据技术与网格化管理平台的融合，以网格化管理平台的示范，带动更多大数据应用。

（一）可扩展的数据分析

数据是分析平台的生命线，大数据分析的生命力在于混杂性，只有接入海量的数据，才会让数据的关联性变得越来越丰满。无论是业务系统规整的结构化数据，还是网络活动中留下的痕迹数据，都会在大数据分析中变得有意义。对于数据的采集，先从信息化部门已有的业务数据、机器数据入手，在这个过程中梳理和确定数据关联的标准和规范，再逐渐扩展到互联网数据以及新开发的数据来源。

（二）制订智慧网格管理模式

（1）物理网格。打破由学院、年级、班级、学生构成的纵向管理模式，转变为以宿舍管理中心和生活辅导员为主体的横向管理模式。网格化初期保留原有管理方式并纳入网格化管理中心，新增的横向网格与原有管理互联互通，从

而完成由纵向管理向横向管理的转变。

（2）行政网格。重点关注教育管理事项，网格主体仍是学院和原有辅导员，依据数据分析的结果，管理事项细化为身心健康预警、消费预警、学业预警等在校情况，与之对应的医院、心理、教务等管理职能更容易做到有的放矢。

（3）虚拟网格。以群体特征关注学生的发展情况，依据学生的家庭背景、学习投入、生活习惯、阅读习惯、活动轨迹等数据，逐渐描绘如心理压力异常群体、优秀学生干部群体、少数民族骨干群体、创新创业群体等特征化标签，学校根据群体特征进行特征管理，使每一类型群体都可以得到主动帮扶或指导，继而获得个体更好的发展。

（三）大数据分析研判划定管理群体

大数据分析挖掘的意义在于对不可见的关系进行挖掘，利用数据定义行为边界，量化规范和准则，利用数据分析挖掘学生超出边界的行为，判定行为性质，指导线下管理工作开展。例如，根据在校消费、门禁数据分析，提前预警不在校、未归寝或者晚归的危险信号，如果学生失联，可以调取历史数据，为寻找提供线索；根据学生上课数据的相关分析，促进教学质量的提高；根据学生每天在食堂的消费金额，发现生活困难的学生；根据上网数据，发现网瘾学生等。大数据分析可以让学生管理者实现精准管理，更有针对性地给学生提供帮助与指导[①]。

三、学生管理大数据试点建设

（一）大数据分析平台

网格化管理平台是基于大数据技术和大数据分析能力完成的业务功能，需要一套成熟的大数据平台提高数据采集和计算能力。学校面向全校师生、职能部门建设大数据分析平台，不仅支持网格化管理平台建设，也可用于学校其他数据分析应用，"一个平台多个应用，一次整理反复使用"，充分发挥数据价值。同时，对于数据安全，也可形成统一的技术规范和管理规范，由专人执行数据运行维护，有效控制数据安全风险。大数据分析平台成为校园信息化的重要组成部分，与服务门户平台、身份认证平台、流程管理平台等是并列的组成。每个平台各司其职，提供自身擅长的服务，平台与平台之间通过各自的接口或数据交换实现集成。

以数据和数据分析为支撑的网格化管理平台，数据决定了智慧的深度与广度（见图 7 - 1）。经过阶段建设，已完成与数据中心 91 张表、1095 个数据学段的交换集成，涵盖学生、人事、图书馆、后勤、资源使用等，另有照片、网记

---

① 陈新河. 赢在大数据：政府/工业/农业/安全/教育/人才行业大数据应用典型案例［M］. 北京：电子工业出版社，2017：284－290.

录、门禁日志等非结构化或机器日志的采集。通过数据描述学生画像，集成校园 GIS 描绘学生在校轨迹，综合多维度数据实现了学生不在校情况预警、学生身心健康预警、学生学业预警、学生消费预警等网格管理中最迫切的需求。此外，针对暂无法用系统产生的数据记录，如打架、失火等情况，采用人工上报采集，保持数据的及时性和有效性。针对学生家庭经济状况进行数据采集和分析，结合学生校园消费，对学生贫困程度进行认定、划定等级，再进行人工审核，产生贫困生库，支撑学校资助管理工作中的认定过程，使贫困生的认定更科学、资助更精准。

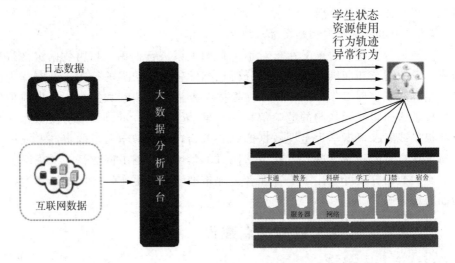

图 7 - 1 网格化管理平台逻辑结构

（二）个人数据画像

通过对学生在校的全数据采集，综合展示和统计分析学生在校的各方面信息，不再需要逐个登录对应系统进行查看。通过网格化管理平台集成，网格员随时通过 PC 收集查看学生在校期间的各种数据，包含学生学籍信息、学生选课与成绩信息、学生科研创新信息、竞赛获奖信息、奖惩助贷信息、图书借阅信息、一卡通消费信息等。

（1）贫困生认定。新生贫困生认定不再仅依据《家庭经济情况认定表》这唯一线索，对全校所有学生的家庭经济状况数据通过综合评价法进行计算，分析学生个人相对全体学生家庭富裕程度，筛选家庭经济相对贫困学生，生成困难生名单，再通过系统判定、辅导员审核、学院确认的操作流程，确保名单有效性。利用数据分析支撑精准资助工作，使贫困生服务科学化。

（2）学生在校情况预警。学生在校情况牵动着辅导员、学校、家长等各方面。系统通过学生在校内的行为（消费行为、上网行为、进出行为、借阅行为等）数据建立学生校内行为轨迹，对学生行为轨迹定时进行遍历，对未出轨迹的学生进行判断分析在校的可能性。通过网格员自主设定预警规则产生预警信息，预警信息帮助管理者缩小管理人群，精准定位不在校学生，如图7-2所示。管理者直接管理到问题学生，有效辅助学生安全管理。

图7-2　学生不在校情况手机推送

（3）学业预警。根据学生生源地、高考成绩等信息评估新生对录取专业的学习能力，尤其是偏远少数民族地区新生难以适应高"技术"含量专业；对学生自身属性进行关系匹配，发现潜在学业危机学生，指导管理者对学生专业进行调整；根据每学期成绩及历史挂科、心理健康程度、缺考数量、考试违纪情况进行综合分析，对本专业有明显压力和存在不能正常毕业的学生进行预警，指导学生学业发展方向，避免进入大四学期才突然发现不能毕业的情况出现。

（4）身心健康预警。身心健康是影响学生发展的关键因素，发现心理异常学生一直是学校难以把握的问题。用学生在校期间的体测数据、就医数据、体育课成绩、心理测评数据建立心理异常判定模型，对可能存在心理健康的学生进行预警，及时推送给管理者，帮助管理者对可能存在疾病、体质减弱、心理健康的学生进行分析评判，以便及时进行干预，避免出现影响学业甚至危及生命安全的情况。

四、应用效果及规划

（一）应用效果

对于学工处和学院辅导员，通过网格化管理系统能够及时掌握学生学业情况和学习状态，它是了解学生学习方向、偏重和毕业能力的有效途径和工具，是人才发掘和拔尖推荐的筛选依据，它使定向学业帮扶、成长规划等工作有了明确目标。对于信息化部门，智慧网格的应用为全校大数据应用起到良好的示范作用。

它让业务部门直观地感受到自己产生的数据能发挥意料之外的作用，继而在产生数据的过程中更加注意数据维护的及时性与准确性，这比直接要求业务部门做好数据维护更有效。

（二）规划

规划一：面向学生发展的群体管理模式。学生管理工作中充满了大量的学生事务管理，学工部门没有精力掌握具体每位学生的动向，但对群体的管理能够更好地发挥指导作用。如果对某个群体学生的健康状况、心理状况、经济状况、学业状况能够充分掌握，那么就使学工的管理明确方向，进而清楚面向该类型群体的管理和服务，从被动管理变为主动开展工作。特别是对具有异常事件发生的"问题学生"，通过分析预警开展提前干预工作，能够避免危害发生，降低危害程度。这对学校管理的发展和学生本人成长都具有很好的促进作用。

规划二：面向学生的成长空间。通过对学生全生命周期的数据分析，客观地评价学生发展，建立学生个人成长空间。面向全校学生提供优秀学生成长空间分享，发挥榜样教育教学作用，分别在学生专业学习能力、科研创新能力、社会实践能力、社交能力等方面综合评价和展示，提供学生成长模型。通过社交方式在学生间流转，利用数据分析引导学生自我管理、自我发展，为学生在校期间的全面发展找到精准的发力点。

五、企业介绍

北京希嘉创智教育科技有限公司（简称希嘉教育）专注于教育行业大数据产品的研发与运营，将高校沉淀多年的海量数据进行二次集成和开发，打造开放的高校大数据应用生态圈。作为中国高等教育协会教育信息化分会企业会员单位、智慧校园工作组标准制定工作成员之一，希嘉教育通过在学生管理、校情分析、海量日志数据及外部声誉监控等领域不断深耕，开发了一系列普适于高校学工、教务、后勤、图书馆、招就办等业务部门的数据分析产品。

公司总部位于北京，负责产品设计、平台开发等核心业务，并拥有武汉分公司，上海、南京、西安、长沙、哈尔滨等办事处及工程交付中心，其中武汉分公司作为应用研发与项目工程的交付中心，拥有一大批研发与数据工程人员，具备快速部署统一数据共享平台及应用类产品的落地实施能力。

目前，希嘉教育已在全国落地20余个案例项目，包括上海交通大学、哈尔滨工程大学、华中农业大学、南京理工大学等多所重点高校，并与武汉大学、复旦大学、浙江大学等多所高校开展了深度合作。

第二节 久其软件：汇集60年教育大数据

改革开放以来，党中央、国务院对教育工作一直保持着高度重视。早在"十二五"期间就已经制定了《国家中长期教育改革和发展规划纲要（2010－2020年）》；在"十三五"规划中明确提出"教育现代化取得重要进展，劳动年龄人口受教育年限明显增加"的目标。那么，如何利用信息化科技手段提升数据挖掘、信息服务、决策支持能力，为深化教育领域综合改革和国家重大教育改革举措提供全面准确的数据分析支持，有效推进教育现代化、教育治理体系和治理能力现代化工作开展，是目前亟待研究的重要课题。

为了贯彻党中央、国务院对教育现代化工作的部署，教育部委托上海市教育科学研究院，联合承建单位北京久其软件股份有限公司（简称久其软件）共同开展"国家教育决策支持统计服务系统"的建设工作。系统建设由教育部总体规划、上海教育科学研究院业务咨询、久其软件技术实现，采用管理、科研、技术深度融合的"三位一体"建设模式，基于海量教育数据，充分利用现代信息化技术，深度挖掘教育行业数据，生动呈现决策分析结果，为管理机构、高校及科研机构、社会公众等提供翔实、快捷、直观的数据信息服务，使之成为唯一且最具权威的教育行业数据分析与应用窗口。通过"国家教育决策支持统计服务系统"的设计与实施，久其软件助力教育决策向科学化转变，逐步实现教育工作数据全流程精准化管理，为教育决策者提供了更为详尽、全面的数据支撑，统一了各级教育战线管理者对教育发展情况的解读能力和分析立场，全面提升教育统计服务能力，为2020年初步实现我国教育现代化奠定了坚实基础。

一、现状分析

新中国成立以来，教育系统建立了多套信息化系统并积累了60余年的海量数据，这些数据及信息化系统为教育管理部门提供了一定的信息服务。然而，在教育管理信息化蓬勃发展的今天，各级教育管理部门面临着新的问题：从业务工作层面分析，教育管理业务数据量大、种类繁多，如何实现教育数据的有效整合；从领导决策层分析，如何实现教育监测评价及决策支持；中国教育发展与国内经济社会发展的关系是什么；中国教育在世界上处于什么样的位置等。总的来看，在利用大数据辅助教育决策之前，传统的管理模式存在以下困境：

（一）数据处理和整合能力有待提升

在实际工作中，受限于地区经济实力、地区教育信息化发展水平及教育管理人员素质等差异影响，导致各地区的教育信息化系统建设参差不齐，教育数据收集、整合的难度大，教育数据分散而凌乱；国家、各地区、多套教育系统各自为政，"数据孤岛"现象显著存在，不能有效地对数据进行处理和整合。与此同时，由于现阶段政府数据处理平台及数据处理方式的限制，无法应对持续增长的数据需求，致使在日常教育工作过程中，无法对海量的教育数据进行有效的采集、整合、处理及分析，直接导致无法对教育决策制订提供数据支撑。

（二）教育监测评价决策缺乏支撑体系

随着我国信息化整体规划的发布，教育体系信息化建设成为我国政府机构信息化建设的重要组成部分。经过多年的积累，教育部已经围绕重点监测和发展情况，依托现有分散的统计数据管理和采集系统，初步实现了对教育发展情况现状的监测。但由于各系统针对性较强，受众面和应用对象相对狭窄，监测数据反映的情况具有相当的局限性，在缺乏整体统筹分析的情况下，很难从宏观层面综合有效地对某项教育发展情况做出全面的评价，对整体监测的能力发挥不足。

（三）教育数据缺乏共享及应用

改革开放以来，我国对教育事业一直保持着高度重视，教育信息化建设也起步较早。进入 21 世纪，我国就已经逐步开始建设教育信息化系统，时至今日已有 20 年时间，其间累积了大量的教育相关数据。但是，由于缺乏健全的存储技术、交换技术、数据挖掘技术等，大量宝贵的教育数据只能采取单机系统和小型数据库的方式进行数据处理，未能进行统计分析与挖掘，难以对全国性的教育决策制订提供数据支撑。由此看来，在利用大数据技术推动教育现代化之前，我国的教育数据大而未用，未能体现出教育数据应有的价值与贡献。

二、建设内容

大数据开启的信息时代已经到来，它在商业领域发挥巨大作用的同时，正大步向政府部门进军，其产生的思维革命与方式转变正不断冲击着政府数据管理。根据"国家教育决策支持统计服务系统"的整体建设规划与目标，针对教育部及各级教育部门工作现状，我们要充分利用多途径数据资源，将现有的数据资源予以整合，初步建立覆盖全教育体系的数据仓库和主题分析模型，以科学模型为基础，对国内外教育发展情况进行有效分析，摸清国内教育体系发展建设规律，为教育决策制订提供良好的数据支撑。系统总体架构情况如图 7 - 3 所示。

"国家教育决策支持统计服务系统"建设依托久其大数据生态体系，以久其商业智能平台为基础，构建了以数据整合平台、主题数据库、数据分析展现平台、信息发布平台为主的功能平台，实现了教育数据的全方位、立体化、多元化的分析展现。同时，有效整合教育部各业务司局相关业务数据，实现了教育行业各级各类业务明细数据的动态加载、同步存储、实时分析。基于数据支撑，本系统共建设完成十大主题应用，分别是全国状况、各省状况、统计发布、动态监测、决策应用、教育与社会、国际比较、规划发展、定制服务和查询分析，实现了分析结果的 PC 端可视化展示，为国家深度了解教育资源分布情况、监控教育款项等提供了数据支撑，保障了我国教育现代化向前发展的步伐。总的来说，系统建设内容主要包括数据整合、数据仓库、特色业务分析主题、实时监测及评价体系、统一业务平台。

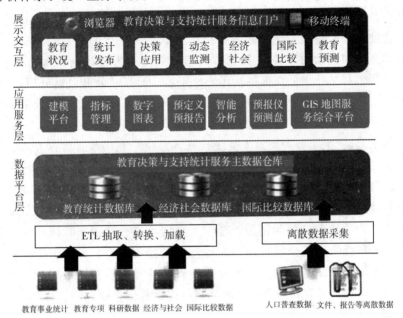

图 7 - 3　系统整体架构

（一）多源数据，全面整合

教育数据整合将中国教育事业自 1949 年以来 60 多年的统计数据、中国经济社会发展数据、联合国教科文组织的公开数据等结构化数据按统一的口径和规范标准进行有效整合，将教育公告、年鉴、报告等非结构化离散数据通过离散数据采集器收纳整理，从而形成教育统计数据库、国内经济社会综合统计数据库、国外教育和经济社会数据库三大主题数据库，实现了在信息采集过程中对内容纷杂烦琐的多源异构数据的整理。数据整合实现了对教育相关数据的整合，将现有各类教育系统、教育数据库之间的壁垒打通，解决了教育系统信息处理和整合能力弱的问题，攻克了"数据孤岛"难题，构建了整个教育系统内最大、最完整的教育大数据资源中心。

（二）统一平台，服务教育

久其软件设计的"国家教育决策支持统计服务系统"方案，不再是简单地就教育论教育，而是以教育系统众多的信息化系统为基础，为中国教育目标的预测、教育发展需求的制订、教育资源的统筹和规划、教育政策措施的评估监测、教育事业信息的公开共享等提供了全面的业务支撑，为未来教育系统内各级领导辅助决策支持奠定了坚实的基础。

（三）深入地区、覆盖全国、对标国际的主题分析架构

业务分析及数据挖掘是大数据应用的精髓，也是大数据辅助教育现代化发展的核心。系统收集整理了中国教育 60 余年的年鉴、报告、快讯、发展简况等资料，借助智能分析报告生成技术，自动生成图文并茂的教育工作报告，提高了统计信息资料的制作、审核和发布的工作效率。通过信息发布与消息推送，为教育科研人员、社会公众提供教育统计年鉴、简报、公开数据分析表等信息，实现了公众关注的教育热点问题、教育政策调整细节、动态统计数据等信息的公开透明，为教育管理部门构建"服务型政府"提供了有力支持。

具体来看，"国家教育决策支持统计服务系统"利用教育数据仓库、教育数据集中各类主题数据，实现了对全国各级教育历史与现状分析、区域教育发展情况、教育投入、教师队伍建设、办学条件、经济社会发展与人口状况分析、国际教育情况比较等内容的分析与展现；同时，基于已有教育相关数据，构建了全国人口与学龄人口预测模型、全国人力资源与教育水平预测模型、各级各类教育发展规模学生流分析预测平台等八大类预测模型。分析模型的构建能够实现对我国教育情况的深度分析与挖掘，识别各地区教育发展现状及预测未来发展趋势，从而为教育资源分配及政策制订提供数据支撑。

1. 教育状况

教育状况是以全国和各省为角度，对比展示全国与各省教育改革和发展状况及经济社会发展状况。系统为国家教育宏观政策的制订、重点地区的支援、全国各地区教育的均衡发展提供了最全面、最可靠的数据支撑。

2. 统计发布

智能报告统计部门业务工作繁杂，整理各类报告、公告的工作量非常大，这一直是统计部门工作效率难以提升的主要原因。系统提供智能分析报告自动生成器，每个时期自动生成报告，节约报告制作工作量 70% 以上，使统计工作豁然轻松。

同时，系统还将记录、保存全部的离散统计信息，如定期发布的年度统计报告和不定期发布的一些专题统计信息（见图 7-4）。内容包括统计公报、发展情况、全国及各省概览、统计年鉴、统计报告、统计分析、统计快讯、发展简况、统计摘要等信息。

图 7 - 4　全国教育事业发展统计公报发布

3. 动态监测，全面评价

"国家教育决策支持统计服务系统"构建的监测及评价体系以《国家中长期教育事业发展规划纲要》及《国家教育事业发展第十二个五年规划》为核心思想，目的是监测目标实现的进展情况。为了能够对教育发展情况进行充分的监测及评价，参照"中国教育监测与评价指标体系"及"全民教育 18 项监测指标"，构建了国家规划及重大项目、义务教育、高中阶段教育、职业教育、高等教育、教育经费、专门项目、办学条件八大项主题及详细内容。

通过对八项主题的监测与评价，实现了对教育发展事业的动态监控，能够对教育发展过程中出现的新情况、新问题做出灵敏的反应和及时的分析判断，为教育大数据的深入应用和深度挖掘打好基础，从而最大限度地发挥监测系统在教育发展中的重要作用。

4. 教育经济，息息相关

将教育与经济进行关联分析是对教育数据的外围延伸和扩展，要避免就教育论教育的弊端。因此，在考虑相关背景、环境参考数据的基础上，系统纳入了经济社会发展综合情况、经济与人力资源、人口与劳动力、国民受教育水平、教育与科技发展、财政与教育投入、居民消费与生活质量等指标数据；同时，将经济指标按产业、行业、职业、城乡、劳动与就业等方式进行分类，以便经济指标与教育指标进行关联分析。系统中相关界面如图 7 - 5 所示。

图 7 - 5 经济与人口数据

5. 国际比较

放眼全球，在经济全球化的大背景下，任何教育决策或教育研究都离不开国际经济与社会的发展现状，在进行教育决策或教育研究时，需要以相关的国际经济和社会发展指标为参照系。同时，将教育决策或教育研究置于国际化大背景下进行，有利于提高教育决策或教育研究的科学性和国际化程度。因此，国际比较成为"教育决策支持统计服务系统"中不可缺少的子系统。

6. 规划预测，谋划未来

针对袁贵仁提出的"2020 中国教育的发展目标是什么，如何实现"，本系统以庞大的统计数据为基础，整合多家教育科研机构的科研成果，以信息系统的形式，将规划发展的目标落实到教育预测模型中。规划发展主要是对需要关注指标的预测，基于"教育决策支持统计服务系统"的预测是一个寻求隐藏在数据库中有效的、新颖的、潜在有用的和极其不易理解的模式的过程。基于数据分析及统计模块建设，实现了从多维度对教育情况的分析及预测，为国家制订教育政策、分配教育资源提供了数据支撑。

三、应用价值

（一）进一步推进教育现代化建设

自从 2010 年提出《国家中长期教育改革和发展规划纲要（2010—2020 年）》以来，国家对于教育发展工作愈加重视。现阶段我国教育情况仍然存在总体水平落后、地区发展不均衡的特点，因此，采用传统的教育管理理念及方法很难推进教育现代化发展，而大数据技术的出现将显著弥补传统教育管理的不足，使教育决策制订、教育资源分配更加精准、高效，从而加快教育现代化建设的进程，确保到 2020 年我国基本实现教育现代化，基本形成学习型社会，从而进入人力资源强国行列。

（二）提高信息处理能力及决策效率

充分利用现代信息技术，在集成各级各类教育、经济社会发展及国际比较数据资源的基础上，依托科研力量，分析、评价、预测全国及各地区教育发展的问题、现状及发展趋势。着力探讨教育统计及其相关数据用于管理和决策的现实需要和实现途径，基于定量分析及科学预测，为制订或调整教育发展战略及政策提供可靠的证据，为提升政府教育管理和决策科学化水平提供专业化支持。

（三）提升教育数据应用效率

久其教育大数据应用体系，构建了数据整合、数据稽核、数据存储、数据分析、数据预测、分析结果展现等模块，实现了对教育数据从产生到最终应用的全流程覆盖，构建了整个教育系统内最大、最完整的数据仓库系统。其内容涵盖了我国从 1949 年以来历年的教育事业统计数据、经济社会数据、国际比较统计数据及教育师资/学生/办学条件等详细的业务数据、各类学校详细分布的地理数据等。同时，结合教育相关业务分析主题，为教育需求的预测、教育发展目标的制订、教育资源的统筹和规划、教育政策措施的评估监测、教育事业信息的公开共享等提供了全面的数据支撑。

四、结论

目前，教育现代化建设已进入"攻坚拔寨"的冲刺期，离 2020 年基本实现教育现代化仅剩 3 年时间。为了确保如期实现教育现代化的目标，必须转变传统教育管理理念及方法，充分利用大数据的思维与技术，转变现有的教育管理方式，让大数据辅助教育现代化落到实处。久其软件通过自身在大数据领域的优势，设计了"国家教育决策支持统计服务系统"方案，实现了教育决策科学化、智能化。系统决策从管理者的角度出发，以问题为导向，基于海量教育数据，结合国家人口及经济数据，以大数据分析和挖掘为手段，形成 280 多个决策应用主题及 80 多个监测报告，实现了对教育发展情况统计分析、预测预警的目标，为国家教育管理单位制订政策及分配教育资源提供了数据支撑，让教育发展工作变得更加有据可依，以最终实现大数据让教育决策更加科学的目标。

第三节　e 成科技：大数据为招聘带来更多可能性

在招聘渠道与工具日益多样化、简历数量越来越庞大的今天，依靠传统的招聘方式已经无法满足企业对于人才的招聘需求。想要有效整合、利用招聘资源，提高招聘效率，企业需要更加高效智能的招聘解决方案。在此背景下，运用大数据技术进行招聘，成了未来 5～10 年内招聘行业的重要趋势之一。

上海逸橙信息科技有限公司（简称 e 成科技）数年来一直深耕人才大数据，提出招聘 3.0 概念，基于海量人才数据，通过机器学习算法进行简历信息的及时跟进和盘活，提供人才库及人脉内推等产品帮助企业整合招聘资源；并利用大数据技术，通过个性化搜索推荐等服务为企业更高效地匹配合适的候选人，提升招聘效率。同时，通过建立的海量企业用户画像，在选人、育人、用人、留人等方向提供数据 BI（商务智能）服务，为企非人力资源决策提供关键性支持。

一、传统招聘模式的困境

传统招聘主要在线上运用各类招聘网站及 APP，在线下通过现场招聘会及校园招聘，也有些企业会根据自身情况使用猎头及 RPO（招聘流程外包）进行招聘。总体来说，运用传统招聘模式进行招聘，招聘资源难以有效整合，企业积累的简历资源不能及时盘活利用；传统招聘工作效率低，搜索、筛选简历，沟通候选人都需要花费人力资源经理大量的时间与人力成本；传统招聘无法智能化、数据化管理，积累的招聘数据只能简单地以 Excel 或 Word 形式录入，难以进行更深层次的分析处理，不能为后续的人力资源决策做出有力支持。

（一）招聘资源难以有效整合、利用

在信息爆炸的今天，招聘渠道和工具更加多样化，各类招聘、社交网站及 APP 的出现，令企业人力资源经理可以接触到更多简历资源和求职信息。但是，海量招聘资源如何有效整合、利用，也成了新时期人力资源经理不得不面对的问题。

从各个渠道汇总的简历资源，不进行有效的去重、分类，就不能提取到简历中的关键信息。简历在存入企业人才库之后，相当于闲置在库内，无法得到及时更新盘活。相关数据显示，企业经过 5 年以上的招聘，可通过不同渠道接触到行业内 60% 以上的目标候选人。大中型公司经过 3 年以上的招聘，从不同渠道所获取到的简历可达十万份甚至数十万份。同时，这些企业曾经接触过的目标候选人，自身能力也在不断成长、提升。传统招聘模式下，企业累积的简历资源无法得到有效整合利用，自身"人才金矿"的价值难以挖掘。

（二）招聘效率较低

现有的线上招聘渠道，如招聘网站及 APP，实质上还是处于求职者主动寻找工作的状态。根据权威机构调研结果，中国的主动型人才占比近年来均维持在 20% 左右，远低于 36% 的全球平均水平。企业人力资源经理需要花费大量时间主动搜索、筛选简历，与候选人进行主动意向沟通。传统的搜索工具无法对简历进行准确的解析，并做到简历与职位的精准匹配，这就导致人力资源经理在搜索简历这一步骤中做了很多"无用功"，造成招聘效率低下的局面。

（三）无法实现招聘的智能化、数据化管理

企业从搜索、筛选简历，到与候选人沟通、约见面试等一系列的招聘行为中产生了大量的数据，但在传统的招聘模式下，这些数据只能进行简单存储，无法进行更深层次的分析处理。

　　企业的在职与离职员工数据是不断变动的，但传统招聘工具无法对其进行实时追踪，依靠人力资源经理人工收集处理数据，其实时性、准确性都大打折扣。

二、人才招聘服务的大数据技术引入

　　在传统的人力资源领域，HR 会使用前程无忧、智联招聘或其他垂直招聘网站做简历 Sourcing，再通过 ATS 系统管理招聘流程，年终基于 ATS 系统或本地 Excel 进行工作总结。整个过程中产生的数据，基本上可以满足人力资源经理日常的统计需求。基于大数据的招聘服务则建立在"一切数据皆可补助招聘"的理念之上。e 成科技通过引入各种来源的海量数据，综合分析各种数据与企业人才策略之间的关系，建立了一套基于企业"选、用、育、留"高度智能化、个性化的人才服务体系。

　　人才服务体系在企业雇主品牌的搭建、企业画像的构建上更加能够展现优势。通过企业资料、招聘信息、人力资源经理招聘行为、简历内容、简历动向等多种信息，人力资源经理可以方便地获得绘制好的企业画像。了解企业在福利制度、员工晋升、员工稳定性、员工知识结构等指标在行业中的排位情况，有助于人力资源经理构建更符合本公司健康发展的人才战略。同时，企业画像也是公司在招聘时进行雇主品牌宣传的重要素材。

　　此外，e 成科技还将来自众多渠道的数据进行整合、清洗，利用数据挖掘分析技术，使所有数据都能为企业招聘服务提供价值。

　　（1）引入自然语言处理技术，让数据变得可理解。e 成科技通过自然语言处理技术，对候选人成千上万的简历数据、企业内容各异的职位数据进行关键词抽取和权重计算，分析候选人和企业人力资源经理的核心诉求点，提升招聘效率。目前，e 成科技已抽取行业属性标签超过 2000 个，公司标签超过 2000000 个，求职相关的技能标签超过 1000000 个。

　　（2）引入知识图谱，多维度刻画企业画像和候选人职场画像。e 成科技融合了企业和候选人线上、转下的大量数据，通过数据归一化和知识图谱技术，多维度刻画企业的公司画像、用人画像、候选人的职场画像。目前 e 成科技已推出在线的企业画像、职位模型、人才地图等知识图谱服务。

　　（3）利用机器学习技术，提供个性化搜索推荐服务，帮助企业找到最适合的候选人。随着基础数据质量的提升和知识图谱的构建，再基于用户行为的积累，e 成科技逐步构建了基于企业用人偏好和候选人素质模型的个性化搜索推荐模型，根据企业不同岗位的需求和用人习惯，进行个性化的简历搜索推荐服务，使简历推荐更加精准地服务企业人力资源经理。

三、人才招聘服务的大数据创新

当前 e 成科技的大数据应用服务主要包括人脉内推、人才库、企业画像、职位模型、个性化推荐、人才地图、员工保留等。

(一) 人脉内推

因为省时高效、节约成本，越来越多的企业开始将内推作为重要的招聘手段。但是，传统的内推方式偏于被动，且无法进行智能化管理。e 成科技的人脉内推，是国内首个基于人脉大数据的内推解决方案——基于企业在全网及人才库的简历，运用大数据算法智能筛选匹配，通过"人脉雷达"盘点出企业在职员工的前同事、校友等关键人脉链；人力资源经理只需发起，即可精准定位关联员工为其邀请意向候选人。相比传统效率低下的"广撒网"式内推，e 成人脉内推能够百倍激活企业的内推资源，让员工化身"伯乐"，为企业带来数以万计的内推简历。

目前，根据统计数据来看，平均每个员工能为企业带来 38 个前同事、48 个同年级且同专业的校友简历；平均每个公司前同事人脉数可达 433 人，同学人脉数总量能够达到 1572 人。

(二) 人才库

与内推一样，建立人才库也是有效挖掘企业自有人才资源、有效提高招聘效率的方式之一。e 成科技云人才库通过业内领先的简历解析技术，实现简历去重，同时进行实时更新，帮助企业实现每年至少 30％的人才简历信息的更新完善。普通人才库多是手动搜索或人工匹配，而 e 成科技运用大数据技术，提供库内简历的智能搜索与推荐，人才匹配率超过 50％。同时，e 成科技还独创地将"人脉内推"功能嵌入人才库中，从库内人才出发，通过其人脉触达更多外部关联人才，实现人才库简历的价值增值最大化。

(三) 企业画像

凭借对全网企业员工简历、招聘信息、营收等企业相关数据的分析处理，e 成科技通过候选人最在乎的职场成长、团队实力和发展前景三个维度对企业进行建模分析，多维度刻画企业画像，自动生成丰富的企业画像，协助企业进行精准的雇主品牌建设，极大地增强了企业对人才的吸引力。

(四) 职位模型

e 成科技针对企业某个特定岗位的全网员工简历进行挖掘分析，深度构建企业岗位招聘需求中的技能偏好、行业偏好、公司偏好、学校偏好、学历偏好、专业偏好、稳定性偏好、晋升速度偏好。e 成科技还基于全网的简历数据和职位数据进行深度挖掘，帮助企业快速了解该岗位的市场情况、岗位人才的供需比、岗位人才的平均薪资情况，以及人才在全网中不同渠道的分布情况，帮助企业快速评估职位招聘方向。

（五）个性化推荐

依托 e 成科技庞大的简历资源池，基于企业画像、职位模型和候选人能力模型的理解，e 成科技能够根据用户最近招聘中的岗位进行候选人推荐，推荐的候选人会从能力和求职意愿度两个方向进行推荐排序。在企业人力资源经理查看筛选后，e 成科技的后台算法会快速地根据企业人力资源经理的点击行为针对该企业的个性化推荐模型进行二次学习优化，再次更改推荐结果和排序规则，确保最适合企业招聘岗位的候选人第一时间浮出水面。

（六）人才地图

企业人力资源经理与候选人之间的沟通跟进基本上只会在一个求职周期内，但是一个岗位的需求及候选人的求职需求是长期存在的。在此期间，候选人的个人能力和求职情况会发生很大的变化，其岗位匹配度可能也会有所不同。在传统的招聘模式中，由于企业人力资源经理对候选人的信息无法实时掌握，因此二次招聘跟进几乎无法完成，只能通过人力资源经理自身对候选人的偶尔联系进行判断。

e 成科技依托先进的互联网技术和庞大的数据基础，能够对候选人的工作变化、求职状态变化、岗位需求状态等进行实时监测，形成人才地图，并针对目标用户进行求职预警，帮助企业人力资源经理第一时间联系最近有求职意愿的目标候选人。

（七）员工保留

企业全方位的人才策略（见图 7 - 6）包括"选、用、育、留"四个方面，人才保留是企业人才策略的关键环节之一。由于人才保留涉及原因复杂，企业仅依靠自身资源很难进行全方位把控。大数据的出现，可以帮助企业更有效地预测人才的离职意愿倾向。

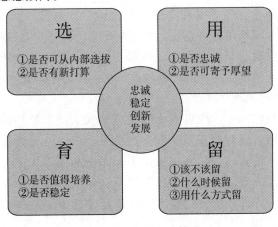

图 7 - 6　企业人才策略

e 成科技基于海量数据，不断挖掘离职员工或有明确离职行为员工的特征，自动建立离职预测的量化模型，再利用该模型，帮助企业预测关键岗位员工的离职意向及原因，帮助企业提前进行人才挽留[①]（见图 7 - 7）。

核心价值：
● 了解员工动向，提供行业对比　● 以数据为支持，帮助提早干预，留住想留的人才

图 7 - 7　员工保留分析流程

通过模型，可以计算出每一位一年期工龄的员工的离职倾向，更能提供企业关于员工保留的深度报告。

四、促进招聘模式的创新变革

大数据招聘可以促进招聘模式的创新变革。招聘管理方式的变革，促进了招聘资源的整合与利用，大大提升了招聘效率，让人力资源策略的制订更具有效性和及时性。同时，通过大数据技术的运用，可以帮助企业更好地建立品牌效应。

（一）促进招聘资源的整合与利用

大数据招聘通过对各个渠道简历资源的解析、去零、实时更新，实现对招聘资源的有效整合与利用；将企业人才库中积累的简历"盘活"，提高库内简历的有效利用率；同时，有效利用企业内部员工的关键人脉资源，将广泛而被动的内部推荐转变为精准而主动的人脉内推，提高了内推的效率。

（二）促进招聘效率的提升

在传统的招聘模式中，依靠人力资源经理人工进行简历搜索筛选、意向沟通、约见面试、招聘流程管理等步骤，难免效率低下。大数据技术的运用，可以实现简历的智能搜索匹配，并根据能力和求职意愿等维度为人力资源经理推荐合适的候选人。一方面，通过机器学习算法不断学习优化，增加了匹配与推荐的精准度；另一方面，机器代替人力资源经理完成了一些烦琐重复的招聘步

---

① 陈新河. 赢在大数据：政府/工业/农业/安全/教育/人才行业大数据应用典型案例 [M]. 北京：电子工业出版社，2017：301－311.

骤，大大提高了招聘效率。

（三）提升人力资源策略制订的有效性和及时性

依托大数据可以为人力资源核心决策提供更多支持，帮助企业招到人、招对人、留住人。

在传统招聘模式中，人力资源经理一般会按照一定时间间隔人工调整人力资源策略，无法对实时的变化做出迅速及时的反应。运用大数据技术，可以实现招聘信息的实时处理分析，并转化成有效维度、指标，支持人力资源经理随时调整策略，优化决策。

例如，在人才储备方面，运用大数据技术能够实现对有换职意愿的高匹配人才的实时跟踪，加强企业定向寻访人才的能力，帮助其实现人才智能储备；在人才保留方面，通过多种数据维度的处理分析，可以提前获知员工流失前兆，并以数据作为支持，帮助企业提早干预，留住想留的人才。

（四）让每一次招聘行为都成为建立雇主品牌的过程

研究表明，超过 90％的招聘负责人都认为雇主品牌的建设对人才招聘能力有明显影响。但如何建立更加吸引人的雇主品牌，通过怎样的渠道传播它们最有效，如何数据化地评估雇主品牌建设的效果，这些问题在传统的招聘模式中很难得到答案。

大数据招聘以企业数据为依据，通过大数据技术描绘个性化企业画像，帮助其建立差异化的、候选人关心的雇主品牌内容；通过微信、微官网、EDM、APP 等多种渠道精准、持续、有效地进行品牌曝光，全方位触达目标候选人。在雇主品牌的传播效果方面，运用大数据技术，可以将每一次雇主品牌传播后的曝光量、粉丝数、简历投递量及时反馈给企业，方便它们更好地调整招聘策略。

有效的雇主品牌建设能够更好地吸引人才，相当于一种更高级别的招聘方式。与传统静止的雇主品牌内容投放不同，运用大数据可以将企业的雇主品牌建设嵌入招聘的各个场景，也就是说，让每一次的招聘行为都变成建立雇主品牌的过程。

五、未来愿景

李克强总理说过，世界总量第一的人力资源是中国发展的最大"金矿"。如何有效挖掘这座人才金矿，中国的人力资源从业者一直在不断地思考和实践。作为一种新型招聘模式——大数据招聘，即在挖掘人才金矿道路上的一种充满想象力的创新实践。未来，人才大数据的有效利用将发挥举足轻重的作用，不但能够为招聘带来更多可能，促进传统的招聘模式逐渐向智能化、高效化转变，而且对打破企业人才数据边界、改变商业社会人脉关系连接方面产生难以估量的巨大影响。

（一）为招聘带来更多可能性，"数据＋算法"定义招聘 3.0

在招聘 1.0 时代，求职者海投简历，企业人力资源经理海选候选人，招聘信息极其不对称。随着信息技术的快速发展，互联网及移动互联网应用的普及，各类互联网招聘网站及垂直招聘 APP 开始出现，此时招聘进入 2.0 时代。尽管从线下转移到了线上，招聘信息趋于对称，但仍处于主动型求职者寻找工作的状态。在招聘渠道与工具日益多样化、简历数量越来越庞大的今天，企业人力资源经理需要更加高效智能的招聘解决方案来整合招聘资源，提高招聘效率。大数据招聘，用海量数据和机器学习算法，有效解决企业招聘痛点，促进传统招聘模式向智能化、高效化转变，定义了招聘 3.0 的新时代。

（二）打破企业人才数据边界，提高商业关系连接效率

当大数据招聘成为主要招聘模式，对社会上大部分的人才数据进行智能分析处理后，将可能打破企业人才数据的边界，改变过去的招聘及商业智能只能处理企业内部人才数据的局面。

人才大数据的广泛运用，不但对企业个体的发展大有益处，还能够提高商业关系连接效率，为不同行业、不同区域的人才引进、人才结构优化等重要决策提供支持，从而引发更深刻的商业社会变革。

六、企业介绍

上海逸橙信息科技有限公司是国内领先的一站式大数据招聘管理云平台，2015 年在中国大数据公司年度排行榜中处于人才招聘行业第一名，2016 年获得"中国大数据最佳实践奖"。

e 成科技基于 JD 描述和人力资源经理用户行为的智能分析深度挖掘，运用机器学习算法和 NLP（自然语言处理）等技术进行主投简历的智能筛选和全网简历的个性化推荐，通过人才库、人脉内推、约 Ta、人才测评等特色服务提高候选人筛选效率，帮助企业提高招聘资源利用率。

基于拥有的海量数据，e 成科技能够帮助企业通过数据化的方式建立雇主品牌，并通过全渠道传播精准触达目标候选人。与此同时，通过深度神经网络技术挖掘招聘领域的知识图谱，在人才储备与管理、人才结构优化、离职预测与员工保留等方面提供人才数据服务，为企业人力资源决策提供关键性参考。

目前，e 成平台注册企业用户已超过 7 万家，为超过 35000 家企业管理约 5200 万份云人才库简历，为超过 3 万家企业打造并传递雇主品牌。

2014 年 10 月，e 成科技完成由光速中国领投的 A 轮千万美元融资。2016 年 3 月 23 日，e 成科技顺利完成数千万美元的 B 轮融资，投资方为凯辉创新和光速中国。

参 考 文 献

[1] 维克托·迈尔舍恩伯格. 大数据时代：生活、工作与思维的大变革 [M]. 杭州：浙江人民出版社，2013.

[2] 宋学清，刘雨. 大数据：信息技术与信息管理的一次变革 [J]. 情报科学，2014（9）：14－18.

[3] 钟瑛，张恒山. 大数据的缘起、冲击及应对 [J]. 现代传播，2013（7）：104－109.

[4] 陈然，杨成. 量化自我：大数据时代教育领域研究新机遇 [J]. 现代教育技术，2014（11）：5－11.

[5] 杨现民，余胜泉. 论我国数字化教育的转型升级 [J]. 教育研究，2014（5）：113－120.

[6] 黄荣怀. 智慧教育的三重境界：从环境、模式到体制 [J]. 现代远程教育研究，2014（6）：3－11.

[7] 黄荣怀，杨俊锋，胡永斌. 从数字学习环境到智慧学习环境 [J]. 开放教育研究，2012（1）：75－84.

[8] 李政涛. 为人的生命成长而设计和发展教育技术 [J]. 电化教育研究，2006（12）：3－8.

[9] 邢春燕. 高校基于大数据时代的数字化校园建设分析 [J]. 南方农机，2019，50（01）：145－154.

[10] 戴煜，孙建丽. 大数据时代教育管理变革初探 [J]. 大众文艺，2019（02）：211－212.

[11] 刘敏. 大数据时代高校数据素养课程体系构建 [J]. 图书馆学刊，2018（10）：23－30.

[12] 潘巍. 大数据背景下数据库技术类课程体系及教学模式改革 [J]. 黑龙江科学，2019，10（01）：92－93.

[13] 靳大伟，黄骁，关艳魁. 大数据时代创新创业教育提升途径探析 [J]. 工业技术与职业教育，2018，16（04）：47－50.

[14] 边洪宁. 大数据时代大学生心理健康教育研究 [J]. 科技风，2018（36）：281.

[15] 于婷. 大数据时代的数据挖掘技术与应用 [J]. 通讯世界，2018，25

（12）：18—19.

[16] 王迎春. 探讨大数据时代的教育管理模式变革 [J]. 才智，2018（35）：31.

[17] 刘先花. 大数据时代高职教育人才培养质量评价模式的思考 [J]. 电子商务，2018（12）：74—75.

[18] 张洪军. 基于大数据的高校管理改革研究 [J]. 中国成人教育，2017（20）：20.

[19] 宗彩娥. 大数据与地方本科院校教育改革 [J]. 中国信息化，2017（10）：30.

[20] 牛朝晖，王松. 大数据环境下网络教育之变革 [J]. 中国成人教育，2017（10）：44.

[21] 杨现民，李新，吴焕庆，赵可云. 区块链技术在教育领域的应用模式与现实挑战 [J]. 现代远程教育研究，2017（02）：34—45.

[22] 杨现民，王榴卉，唐斯斯. 教育大数据的应用模式与政策建议 [J]. 电化教育研究，2015（9）：19.

[23] 孙洪涛，郑勤华. 教育大数据的核心技术、应用现状与发展趋势 [J]. 远程教育杂志，2016（5）：27.

[24] 杨现民，唐斯斯，李冀红发展教育大数据：内涵、价值和挑战 [J]. 现代远程教育研究，2016（1）：47.

[25] 吴佳萍，顾译栋，杨欢耸. 大数据与教育大数据探索 [J]. 佳木斯职业学院学报，2016（12）：17.

[26] 钟婉娟，侯浩翔. 大数据视角下教育决策机制优化及实现路径 [J]. 教育发展研究，2016（3）：67.

[27] 邢蓓蓓，杨现民，李勤生. 教育大数据的来源与采集技术 [J]. 现代教育技术，2016（8）：43.

[28] 杨现民，唐斯斯，李冀红. 教育大数据的技术体系框架与发展趋势：“教育大数据研究与实践专栏”之整体框架篇 [J]. 现代教育技术，2016（1）：26.

[29] 胡弼成，王祖霖. “大数据”对教育的作用、挑战及教育变革趋势：大数据时代教育变革的最新研究进展综述 [J]. 现代大学教育，2015（4）：57.

[30] 祝智庭，沈德梅. 基于大数据的教育技术研究新范式 [J]. 电化教育研究，2013（10）.

[31] 孙洪涛，郑勤华. 教育大数据的核心技术、应用现状与发展趋势 [J]. 远程教育杂志，2016（5）：41—49.

[32] 相东升. 17种图书情报学期刊基金资助论文统计分析 [J]. 情报杂志，2006（1）：143—144.

[33] 刘启元，叶鹰. 文献题录信息挖掘技术方法及其软件 SATI 的实现：

以中外图书情报学为例 [J]. 信息资源管理学报，2012（1）：50－58.

[34] 崔晓鸾，赵可云. 大数据在教育领域的研究热点及发展趋势：基于共词分析的可视化研究 [J]. 现代远距离教育，2016（4）：79－85.

[35] 徐鹏，王以宁，刘艳华，等. 大数据视角分析学习变革：美国《通过教育数据挖掘和学习分析促进教与学》报告解读及启示 [J]. 远程教育杂志，2013（11）：23－25.

[36] 李凤英，齐宇歆，薛庆水. 大数据视域下的虚拟学习社区安全研究：基于门限代理签名的协同学习系统探讨 [J]. 远程教育杂志，2013（4）：61－63.

[37] 李艳燕，马韶茜，黄荣怀. 学习分析技术：服务学习过程设计和优化 [J]. 开放教育研究，2012（5）：7－18.

[38] 顾小清，张进良，蔡慧英. 学习分析：正在浮现中的数据技术 [J]. 远程教育杂志，2012（1）：8－18.

[39] 徐鹏，王以宁，刘艳华等. 大数据视角分析学习变革：美国《通过教育数据挖掘和学习分析促进教与学》报告解读及启示 [J]. 远程教育杂志，2013（6）：11－17.

[40] 杨现民，唐斯斯，李冀红. 发展教育大数据：内涵、价值和挑战 [J]. 现代远程教育研究，2016（1）：50－61.

[41] 林静. 大数据在教育领域的应用研究 [J]. 贵阳学院学报：自然科学版，2016（2）：70－73.

[42] 赵杰，申廷波. 大数据在教育领域应用的前景分析 [J]. 中外企业家，2014（32）：270.

[43] 原亚纳. 浅析大数据在教育领域的应用 [J]. 长春教育学院学报，2014（22）：60－62.

[44] 尹斯安. 浅谈大数据应用于教育领域的价值及要求 [J]. 亚太教育，2015（14）：

[45] 郭晓科. 大数据 [M]. 北京：清华大学出版社，2013. 171

[46] 喻长志. 大数据时代教育的可能转向 [J]. 江淮论坛，2013（4）：55－57.

[47] 祝智庭，沈德梅. 基于大数据的教育技术研究新范式 [J]. 电化教育研究，2013（10）：5－13.

[48]《上海教育》编辑部. 大数据带教育步入"实证时代"[J]. 上海教育，2013（17）：1－5.

[49] 胡德维. 大数据"革命"教育 [N]. 光明日报，2013-10-19.